別冊

2025年度版
完全模擬問題
● 解 説 付 ●

日本法令

2025年度版［解説付］完全模擬問題　別冊

選択式問題　1

　労働基準法及び労働安全衛生法 2
　労働者災害補償保険法 4
　雇用保険法 6
　労務管理その他の労働に関する一般常識 7
　社会保険に関する一般常識 8
　健康保険法 9
　厚生年金保険法 10
　国民年金法 12

択一式問題　15

　労働基準法及び労働安全衛生法 16
　労働者災害補償保険法（労働保険の保険料の徴収等に関する法律を含む。）........ 23
　雇用保険法（労働保険の保険料の徴収等に関する法律を含む。）................ 30
　労務管理その他の労働及び社会保険に関する一般常識 36
　健康保険法 43
　厚生年金保険法 50
　国民年金法 57

※解答・解説は本体23～46ページ

問題作成

- 労働基準法及び労働安全衛生法：古川飛祐（労務経理ゼミナール）
- 労働者災害補償保険法（徴収法含む）：奥田章博（社会保険労務士）
- 雇用保険法（徴収法含む）：真島伸一郎（特定社会保険労務士）
- 労務管理その他の労働に関する一般常識：富田　朗（特定社会保険労務士）
- 社会保険に関する一般常識：富田　朗（特定社会保険労務士）
- 健康保険法：斎藤正美（クレアール）
- 厚生年金保険法：岡根一雄（TAC）
- 国民年金法：小川泰弘（ワイ＆ワイ カレッジ）

本書の全部または一部を無断で複写複製（コピー）することは著作権法上での例外を除き、禁じられています。また、本書を代行業者等の第三者に依頼してスキャンやデジタル化することは、たとえ個人や家庭内での利用であっても一切認められておりません。

2025年度 社会保険労務士試験

選択式問題

（注　意）

1　解答は、別紙解答用紙によること。
2　解答用紙に氏名を記入し、コード記入欄には注意事項をよく読んでから正確に記入すること。
3　各問ごとに、正解と思う語句に付されている番号を解答用紙の所定の欄に1つ表示すること。
4　この問題の解答は、試験実施に関する官報公告の日（令和7年4月中旬）に施行されている法令等によること。

（解答時間）
80分

労働基準法及び労働安全衛生法

〔問1〕 次の文中の ☐ の部分を選択肢の中の最も適切な語句で埋め、完全な文章とせよ。

1　最高裁判所の判例によると、労働基準法第114条の ☐A☐ 支払義務は、使用者が同法第20条の予告手当等を支払わない場合に、当然発生するものではなく、労働者の請求により ☐B☐ ことによって、初めて発生するものと解すべきであるから、使用者に同法第20条の違反があっても、既に予告手当に相当する金額の支払を完了し使用者の義務違反の状況が消滅した後においては、労働者は同法第114条による ☐A☐ 請求の申立をすることができないものと解すべきである、とされている。

2　労働基準法は、☐C☐ については、適用しない。

3　労働安全衛生法第66条第4項によれば、都道府県労働局長は、労働者の健康を保持するため必要があると認めるときは、☐D☐ の意見に基づき、厚生労働省令で定めるところにより、事業者に対し、☐E☐ することができる。

―― 選択肢 ――

① 臨時の健康診断の実施その他必要な事項を勧告

② 臨時の健康診断の実施その他必要な事項を指示

③ 臨時の面接指導の実施その他必要な事項を指示

④ 臨時の面接指導の実施その他必要な事項を勧告

⑤ 労働基準監督署長がその支払を命ずる

⑥ 労働基準監督署長がその支払を勧奨する

⑦ 裁判所がその支払を勧奨する　　⑧ 裁判所がその支払を命ずる

⑨ 船員法第1条第1項に規定する船員

⑩ 行政執行法人の職員

⑪ 同居の親族を使用する事業及び家事使用人

⑫ 同居の親族のみを使用する事業及び家事使用人

⑬ 通常の労働時間の賃金　　　⑭ 既往の労働に対する賃金

⑮ 付加金　　　　　　　　　⑯ 割増賃金

⑰ 衛生管理者　　　　　　　⑱ 労働衛生指導医

⑲ 産業医　　　　　　　　　⑳ 衛生委員会

労働者災害補償保険法

〔問２〕 次の文中の _____ の部分を選択肢の中の最も適切な語句で埋め、完全な文章とせよ。

1　労災保険法第33条第３号によれば、厚生労働省令で定める種類の事業を労働者を使用しないで行うことを常態とする者は、特別加入が認められる。

　　労災保険法施行規則第46条の17では、その事業の一つとして、　A　事業者に係る取引の適正化等に関する法律第２条第１項に規定する　A　事業者（以下「　A　事業者」という。）が同条第５項に規定する　B　事業者（以下単に「　B　事業者」という。）から同条第３項に規定する　B　を受けて行う事業（以下「　A　事業」という。）又は　A　事業者が　B　事業者以外の者から委託を受けて行う　A　事業と同種の事業であって、厚生労働省労働基準局長が定めるものを挙げている。

　　厚生労働省の通達（令和６年４月26日基発0426第２号）では、上記の事業を特定フリーランス事業とし、特定フリーランス事業を行う者に係る特別加入の趣旨や概要などを説明している。

　　例えば、通勤災害の認定については、特定フリーランス事業を行う者の住居と就業の場所との間の往復を想定し、　C　こととしている。

2　最高裁判所は、労働保険徴収法第12条第３項所定の事業〔いわゆるメリット制が適用される事業をいう。これを「特定事業」という。〕についてされた業務災害に関する保険給付の支給決定の取消訴訟と事業主の原告適格に関して争われた裁判において、労災保険法について、次のように判示している（作題に当たり一部改変）。

　　労災保険法は、労災保険給付の支給又は不支給の判断を、その請求をした被災労働者等に対する行政処分をもって行うこととしている（第12条の８第２項参照）。これは、被災労働者等の　D　な保護という労災保険の目的（第１条参照）に照らし、労災保険給付に係る多数の法律関係を　E　するとともに、専門の不服審査機関による特別の不服申立ての制度を用意すること（第38条１項）によって、被災労働者等の権利利益の実効的な救済を図る趣旨に出たものであって、特定事業の事業主の納付すべき労働保険料の額を決定する際の基礎となる法律関係まで　E　しようとするものとは解されない。

選択肢

A	① 特別受託	② 特定受託	③ 特別委託	④ 業務委託
B	① 特別受託	② 特定受託	③ 特別委託	④ 業務委託
C	① 通勤災害については労災保険の対象としない ② 通勤災害についても労災保険の対象とし、通勤災害の認定については、労働者の場合に準ずる ③ 通勤災害について労災保険の対象とするか否かは、特定フリーランス事業の種類ごとに判断する ④ 通勤災害について労災保険の対象とするか否かは、特定フリーランス事業を行う者に係る特別加入をしているものの希望を考慮して決定する			
D	① 効率的	② 柔軟かつ迅速		
	③ 丹念	④ 迅速かつ公正		
E	① 早期に確定	② 早期に仮定		
	③ 慎重に確定	④ 合理的に仮定		

雇用保険法

〔問３〕 次の文中の □□□ の部分を選択肢の中の最も適切な語句で埋め、完全な文章
とせよ。

1 高年齢雇用継続基本給付金を受給するためには、支給対象月に支払われた賃
金の額が、みなし賃金日額に30を乗じて得た額の100分の □A□ に相当する
額を下回り、かつ、支給限度額未満であることが必要である。

高年齢雇用継続基本給付金の額は、一支給対象月について、当該支給対象月
に支払われた賃金の額が、みなし賃金日額に30を乗じて得た額の100分の64に
相当する額未満であるときは、当該賃金額に100分の □B□ を乗じて得た額
とする。ただし、その額に当該賃金の額を加えて得た額が支給限度額を超える
ときは、支給限度額から当該賃金の額を減じて得た額とする。

2 介護休業給付金は、対象家族を介護するための休業をした被保険者（短期雇
用特例被保険者及び日雇労働被保険者を除く。）に支給されるが、対象家族と
は、当該被保険者の配偶者（婚姻の届出をしていないが、事実上婚姻関係と同
様の事情にある者を含む。）、父母及び子並びに配偶者の父母並びに被保険者の
□C□ をいう。

3 出生時育児休業給付金は、出生時育児休業をした場合に、当該休業期間中に
ついて、原則として、算定対象休業を開始した時点から遡って直近の完全な賃
金月６カ月の間に支払われた賃金又は当該休業を開始した日前の２年間に完全
な賃金月が６カ月に満たない場合は、賃金の支払の基礎となった時間数が
□D□ 時間以上である賃金月６カ月の間に支払われた賃金の総額を180で除
して得た休業開始時賃金日額に休業した日数（28日を上限とする。）を乗じて
得た額の □E□ ％に相当する額を限度として支給する。

選択肢

① 5	② 10	③ 15	④ 20
⑤ 25	⑥ 30	⑦ 50	⑧ 55
⑨ 60	⑩ 62	⑪ 65	⑫ 67
⑬ 70	⑭ 75	⑮ 80	⑯ 85
⑰ 祖父母、兄弟姉妹及び孫		⑱ 祖父母及び兄弟姉妹	
⑲ 祖父母及び孫		⑳ 曾祖父母、祖父母及び孫	

労務管理その他の労働に関する一般常識

〔問4〕 次の文中の ☐ の部分を選択肢の中の最も適切な語句で埋め、完全な文章とせよ。なお、本問において「育児介護休業法」とは、「育児休業、介護休業等育児又は家族介護を行う労働者の福祉に関する法律」のことである。

1 職業安定法において、特定募集情報等提供事業者は、その行う特定募集情報等提供事業の実施の状況を記載した事業概況報告書を作成し、☐ A ☐ に、厚生労働大臣に提出しなければならないとされている。

2 育児介護休業法第16条の2第1項の規定によれば、☐ B ☐ までの間にある子を養育する労働者は、その事業主に申し出ることにより、一の年度において5労働日（その養育する ☐ B ☐ までの間にある子が2人以上の場合にあっては、☐ C ☐ ）を限度として、負傷し、若しくは疾病にかかった当該 ☐ B ☐ までの間にある子の世話、☐ D ☐ を図るために必要なものとして厚生労働省令で定める当該 ☐ B ☐ までの間にある子の世話若しくは学校保健安全法（昭和33年法律第56号）第20条の規定による ☐ E ☐ その他これに準ずるものとして厚生労働省令で定める事由に伴う当該 ☐ B ☐ までの間にある子の世話を行うため、又は当該 ☐ B ☐ までの間にある子の教育若しくは保育に係る行事のうち厚生労働省令で定めるものへの参加をするための休暇を取得することができる。

選択肢

① 12労働日　　　　　　② 学校の休業　　　　　　③ 毎年10月31日まで

④ 8労働日　　　　　　⑤ 登校の禁止　　　　　　⑥ 負傷等の予防

⑦ 毎年8月31日まで　　⑧ 特殊な事由　　　　　　⑨ 疾病の予防

⑩ 登下校時の安全の確保　⑪ 15労働日　　　　　　⑫ 毎年3月31日まで

⑬ 障害の予防　　　　　⑭ 毎年5月31日まで　　　⑮ 罹患の予防

⑯ 10労働日

⑰ 3歳に達する日以後の最初の3月31日

⑱ 6歳に達する日以後の最初の3月31日

⑲ 9歳に達する日以後の最初の3月31日

⑳ 12歳に達する日以後の最初の3月31日

社会保険に関する一般常識

〔問5〕 次の文中の □□□ の部分を選択肢の中の最も適切な語句で埋め、完全な文章とせよ。

1　児童手当法は、子ども・子育て支援法（平成24年法律第65号）第7条第1項に規定する子ども・子育て支援の適切な実施を図るため、□A□ が子育てについての第一義的責任を有するという基本的認識の下に、児童を養育している者に児童手当を支給することにより、家庭等における □B□ に寄与するとともに、次代の社会を担う児童の健やかな成長に資することを目的としている。

2　国民健康保険法によれば、国民健康保険組合（以下、本問において「組合」という。）は、同種の事業又は業務に従事する者で当該組合の地区内に住所を有するものを組合員として組織するものであり、原則として、当該組合の地区は、一又は二以上の市町村の区域によるものとされている。

　　組合を設立しようとするときは、主たる事務所の所在地の □C□ を受けなければならず、当該 □C□ の申請は、□D□ の発起人が規約を作成し、組合員となるべき者 □E□ を得て行うものとされている。

選択肢

① 市町村長の許可　　　　② 10人以上　　　　　　③ 収入の向上

④ 教育機関　　　　　　　⑤ 都道府県知事の認可　⑥ 100人以上の同意

⑦ 地域社会　　　　　　　⑧ 20人以上　　　　　　⑨ 収入の安定

⑩ 300人以上の同意　　　⑪ 30人以上　　　　　　⑫ 父母その他の保護者

⑬ 生活の向上　　　　　　⑭ 市町村長の認可　　　⑮ 500人以上の同意

⑯ 15人以上　　　　　　　⑰ 企業及び家庭　　　　⑱ 都道府県知事の許可

⑲ 1,000人以上の同意　　⑳ 生活の安定

健康保険法

〔問６〕 次の文中の 　　　の部分を選択肢の中の最も適切な語句で埋め、完全な文章
とせよ。

1　全国健康保険協会は、　A　ごとに、翌事業年度以降の　B　間につい
ての全国健康保険協会が管掌する健康保険の被保険者数及び総報酬額の見通し
並びに保険給付に要する費用の額、保険料の額（各事業年度において財政の均
衡を保つことができる保険料率の水準を含む。）その他の健康保険事業の収支
の見通しを作成し、公表するものとされている。

2　令和７年４月11日に70歳に達した被保険者について、被扶養者は67歳の配偶
者のみである場合、同年５月の標準報酬月額が28万円であっても、被保険者の
収入が　C　万円未満の場合には、療養の給付に係る一部負担金の割合は申
請により100分の20となる。

3　合併により設立された健康保険組合又は合併後存続する健康保険組合のうち、
いわゆる地域型健康保険組合に該当するものについては、当該合併が行われた
日の属する年度及びこれに続く　D　カ年度に限り、1,000分の30から1,000分
の130までの範囲内において、不均一の一般保険料率を決定することができる
が、地域型健康保険組合が、不均一の一般保険料率の決定の認可を受けようと
するときは、合併前の健康保険組合を単位として不均一の一般保険料率を設定
することとし、当該一般保険料率並びにこれを適用すべき被保険者の要件及び
期間について、組合会において組合会議員の定数の　E　以上の多数により
議決しなければならない。

選択肢

① 　2　　　　　　② 　3　　　　　　③ 　5　　　　　　④ 　6

⑤ 　383　　　　　⑥ 　520　　　　　⑦ 　573　　　　　⑧ 　850

⑨ 　１年　　　　　⑩ 　２年　　　　　⑪ 　３年　　　　　⑫ 　４年

⑬ 　５年　　　　　⑭ 　６年　　　　　⑮ 　10年　　　　　⑯ 　おおむね100年

⑰ 　２分の１　　　⑱ 　３分の２　　　⑲ 　４分の３　　　⑳ 　５分の４

厚生年金保険法

〔問7〕 次の文中の ____ の部分を選択肢の中の最も適切な語句で埋め、完全な文章とせよ。

1 厚生年金保険法第1条の規定によると、厚生年金保険法は、労働者の老齢、障害又は死亡について保険給付を行い、 A と福祉の向上に寄与することを目的とするとされている。

2 厚生年金保険法第2条の2の規定によると、厚生年金保険法による年金たる保険給付の額は、 B その他の諸事情に著しい変動が生じた場合には、変動後の諸事情に応ずるため、速やかに改定の措置が講ぜられなければならないとされている。

3 厚生年金保険の被保険者であった甲は、令和7年4月1日に厚生年金保険の被保険者資格を喪失したが、厚生年金保険の被保険者期間中である令和6年12月14日に初診日がある傷病により令和7年10月1日に死亡した（死亡当時の年齢は53歳であった。）。この場合、甲について国民年金の被保険者期間があり、当該国民年金の被保険者期間に係る保険料納付済期間と保険料免除期間とを合算した期間が、当該国民年金の被保険者期間の3分の2未満である場合であっても、 C までの間に保険料納付済期間及び保険料免除期間以外の国民年金の被保険者期間がないときには、遺族厚生年金の支給対象となる。

4 保険料その他厚生年金保険法の規定による徴収金を徴収し、又はその還付を受ける権利は、これらを行使することができる時から2年を経過したとき、保険給付を受ける権利は、その支給すべき事由が生じた日から5年を経過したとき、当該権利に基づき支払期月ごとに支払うものとされる保険給付の支給を受ける権利は、当該日の属する月の翌月以後に到来する当該保険給付の支給に係る支払期月の D から E を経過したとき、保険給付の返還を受ける権利は、これを行使することができる時から5年を経過したときは、時効によって、消滅する。

┌─ 選択肢 ───┐

① 令和6年3月から令和7年2月　　② 令和6年4月から令和7年3月

③ 令和6年9月から令和7年8月　　④ 令和6年10月から令和7年9月

⑤ 国民の生活水準　　　　　　　⑥ 少子高齢化の進展

⑦ 社会経済情勢　　　　　　　　⑧ 国民の生活水準、賃金

⑨ 労働者の雇用及び生活の安定　⑩ 労働者の経済生活の安定

⑪ 労働者及びその被扶養者の生活の安定

⑫ 労働者及びその遺族の生活の安定

⑬ 初日　　　　　　　　　　　　⑭ 末日

⑮ 翌月の初日　　　　　　　　　⑯ 翌月の末日

⑰ 1年　　　　　　　　　　　　⑱ 2年

⑲ 3年　　　　　　　　　　　　⑳ 5年

└───┘

国民年金法

〔問8〕 次の文中の ▢ の部分を選択肢の中の最も適切な語句で埋め、完全な文章とせよ。

1 厚生労働大臣は、滞納処分等その他の処分に係る納付義務者が滞納処分等その他の処分の執行を免れる目的でその財産について隠ぺいしているおそれがあることその他の政令で定める事情があるため保険料その他国民年金法の規定による徴収金の効果的な徴収を行う上で必要があると認めるときは、政令で定めるところにより、 A に、当該納付義務者に関する情報その他必要な情報を提供するとともに、当該納付義務者に係る滞納処分等その他の処分の権限の全部又は一部を委任することができる。

2 厚生労働大臣は、必要があると認めるときは、被保険者の資格又は保険料に関する処分に関し、被保険者に対し、 B に関する書類、被保険者若しくは被保険者の配偶者若しくは世帯主若しくはこれらの者であった者の資産若しくは収入の状況に関する書類その他の物件の提出を命じ、又は当該職員をして被保険者に質問させることができる。

　上記の規定によって質問を行う当該職員は、その身分を示す証票を携帯し、かつ、関係人の請求があるときは、 C しなければならない。

3 国民年金法第30条の4の規定による障害基礎年金は、受給権者が次の(1)から(4)のいずれかに該当するとき（(2)及び(3)に該当する場合にあっては、厚生労働省令で定める場合に限る。）は、その該当する期間、その支給を停止する。

　(1) 恩給法に基づく年金たる給付、労働者災害補償保険法の規定による年金たる給付その他の年金たる給付であって政令で定めるものを受けることができるとき。

　(2) 刑事施設、労役場その他これらに準ずる施設に拘禁されているとき。

　(3) 少年院その他これに準ずる施設に収容されているとき。

　(4) D を有しないとき。

4 国民年金法第30条の4の規定による障害基礎年金は、受給権者の前年の所得が、その者の所得税法に規定する同一生計配偶者及び扶養親族の有無及び数に応じて、政令で定める額を超えるときは、その年の E まで、政令で定めるところにより、その全部又は2分の1に相当する部分の支給を停止する。

```
┌─ 選択肢 ─────────────────────────────────────────────┐
│                                                              │
│  ①  ４月から翌年の３月      ②  日本国籍       ③  10月から翌年の９月  │
│                                                              │
│  ④  市町村に住所           ⑤  主務大臣       ⑥  総務大臣          │
│                                                              │
│  ⑦  財務大臣              ⑧  法務大臣       ⑨  ６月から翌年の５月  │
│                                                              │
│  ⑩  保険料納付実績         ⑪  当該証票の写しを発行                │
│                                                              │
│  ⑫  これを開示            ⑬  これを提示      ⑭  １月から12月      │
│                                                              │
│  ⑮  日本国内に住所         ⑯  婚姻年月日      ⑰  出産予定日       │
│                                                              │
│  ⑱  年金加入記録          ⑲  被保険者資格     ⑳  当該証票の写しを交付 │
│                                                              │
└──────────────────────────────────────────────────────┘
```

㊲

2025年度　社会保険労務士試験

択一式問題

（注　意）

1　解答は、別紙解答用紙によること。
2　解答用紙に氏名を記入し、コード記入欄には注意事項をよく読んでから正確に記入すること。
3　各問ごとに、正解と思うものの符号を解答用紙の所定の欄に1つ表示すること。
4　この問題の解答は、試験実施に関する官報公告の日（令和7年4月中旬）に施行されている法令等によること。

（解答時間）
210分

労働基準法及び労働安全衛生法

〔問１〕 労働基準法の総則等に関する次の記述のうち、誤っているものはどれか。

　　A　労働基準法第１条第１項は、「労働条件は、労働者が人たるに値する生活を営むための必要を充たすべきものでなければならない。」と規定している。

　　B　職務、能率、技能、年齢、勤続年数等によって、賃金に個人的差異のあることは、労働基準法第４条に規定する差別的取扱いではないが、例えばこれらが同一である場合において、男性はすべて月給制、女性はすべて日給制とし、男性たる月給者がその労働日数の如何にかかわらず月に対する賃金が一定額であるに対し、女性たる日給者がその労働日数の多寡によってその月に対する賃金が前述の男性の一定額と異なる場合は法第４条違反である。

　　C　労働基準法第７条は「使用者は、労働者が労働時間中に、選挙権その他公民としての権利を行使し、又は公の職務を執行するために必要な時間を請求した場合においては、拒んではならない。」と規定しているが、民法による損害賠償に関する訴権の行使は、一般にはここでいう「公民としての権利」には含まれない。

　　D　インターンシップにおける学生の労働者性については、一般に、インターンシップにおいての実習が、見学や体験的なものであり使用者から業務に係る指揮命令を受けていると解されないなど使用従属関係が認められない場合には、労働基準法第９条に規定される労働者には該当しない。

　　E　派遣中の労働者について、法定労働時間外労働等を行わせるのは派遣先の使用者であり、派遣先の使用者が割増賃金の支払義務を負うことになる。

〔問２〕 労働基準法に定める労働契約等に関する次の記述のうち、誤っているものはどれか。

　　A　労働基準法第13条は、「この法律で定める基準に達しない労働条件を定める労働契約は、その部分については無効とする。この場合において、無効となった部分は、この法律で定める基準による。」と規定している。

　　B　大学生が会社の求人募集に応じ、採用試験に合格して会社から採用内定の通知を受け、会社に誓約書も提出した。誓約書は、卒業後には必ず入社する旨及び卒業できなかったときは内定を取り消されることがあることを承認する旨誓約するものであった。この場合の採用内定は、解約権を留保した労働契約が成立したものといえる。

　　C　就業規則に定めた定年制が労働者の定年に達した日の翌日をもってその雇用

契約は自動的に終了する旨を定めたことが明らかであり、かつ、従来この規定に基づいて定年に達した場合に当然労働関係が終了する慣行になっていて、それが従業員にも徹底している場合には、その定年による雇用関係の終了は解雇ではないので、労働基準法第19条第1項に抵触しない。

D　労働者に対し30日前に解雇の予告はしたが、その期限到来後、解雇期日を延期することを本人に伝達し、そのまま使用した後に、これを解雇した場合、最初に行った解雇の予告は有効である。

E　労働基準法第20条による法定の予告期間を設けず、また法定の予告に代わる平均賃金を支払わないで行った即時解雇の通知は即時解雇としては無効であるが、使用者が解雇する意思があり、かつその解雇が必ずしも即時解雇であることを要件としていないと認められる場合には、その即時解雇の通知は法定の最短期間である30日経過後において解雇する旨の予告として効力を有する。

〔問3〕　労働基準法に定める賃金に関する次の記述のうち、正しいものはどれか。

A　労働基準法第26条によれば、使用者の責に帰すべき事由による休業期間中平均賃金の6割以上の休業手当を支払うべきことを規定しているが、その休業期間が1労働日に満たない場合、例えば週36時間勤務制（日曜日と月曜日が休日、火曜日より金曜日まで各々8時間、土曜日4時間）において所定労働時間4時間である土曜日に休業を命じられた場合の休業手当は、平均賃金の8分の4の6割に相当する額とすべきである。

B　使用者が労働基準法第26条によって休業手当を支払わなければならないのは、使用者の責に帰すべき事由によって休業した日から休業した最終の日までであり、その期間における同法第35条の休日及び就業規則又は労働協約によって定められた同法第35条によらない休日も含まれる。

C　労働基準法第33条第2項の規定により使用者が延長時間に相当する休日を与えるべきことを行政官庁より命ぜられたときは、その休日は使用者の責に帰すべき事由による休業として取り扱い、休業手当を支払うべきである。

D　労働安全衛生法第66条による健康診断の結果、私傷病のため医師の証明により休業を命じ、又は労働時間を短縮した場合、労働衛生行政の見地より労働基準法第26条による休業手当を支給しなければならない。

E　使用者の責に帰すべき事由による休業の場合における休業手当については支払期日に関する明文の定めがないが、休業手当は賃金と解されるため労働基準法第24条第2項に基づく所定の賃金支払日に支払うべきものと解されている。

〔問4〕 労働基準法に定める労働時間等に関する次の記述のうち、誤っているものはどれか。

A 「労働基準法32条の労働時間を延長して労働させることにつき、使用者が、当該事業場の労働者の過半数で組織する労働組合等と書面による協定（いわゆる三六協定）を締結し、これを所轄労働基準監督署長に届け出た場合において、使用者が当該事業場に適用される就業規則に当該三六協定の範囲内で一定の業務上の事由があれば労働契約に定める労働時間を延長して労働者を労働させることができる旨定めているときは、当該就業規則の規定の内容が合理的なものである限り、それが具体的労働契約の内容をなすから、右就業規則の規定の適用を受ける労働者は、その定めるところに従い、労働契約に定める労働時間を超えて労働をする義務を負うものと解する」とするのが最高裁判所の判例である。

B 年間賃金額をあらかじめ定めるいわゆる年俸制を採用する事業場において、就業規則により、決定された年俸の16分の1を月例給与とし、決定された年俸の16分の4を2分して7月と12月にそれぞれ賞与として支給し、他に交通費実費分の通勤手当を月々支給することを定めて支給しているような場合には、割増賃金の支払は、月例給与に賞与部分を含めた年俸額を基礎として計算をして支払わなければならない。

C 専門業務型裁量労働制において労使協定で定めるみなし労働時間は、1日及び1カ月の労働時間である。

D 企画業務型裁量労働制の導入に係る労使委員会は、当該委員会の委員の半数については、当該事業場に、労働者の過半数で組織する労働組合がある場合においてはその労働組合、労働者の過半数で組織する労働組合がない場合においては労働者の過半数を代表する者に厚生労働省令で定めるところにより任期を定めて指名されていること等の要件を満たすものでなければならない。

E 企画業務型裁量労働制について、厚生労働大臣は、対象業務に従事する労働者の適正な労働条件の確保を図るために、労働政策審議会の意見を聴いて、労働基準法第38条の4第1項各号に掲げる事項その他同項の委員会が決議する事項について指針を定め、これを公表するものとされている。

〔問5〕 労働基準法に定める労働時間等に関する次の記述のうち、正しいものはどれか。

A 農林水産業従事者については、労働基準法第4章に定める労働時間、休憩及び休日に関する規定は、適用しない。

B 労働基準法第41条第2号に該当する監督若しくは管理の地位にある者が午後

10時から午前５時までの間に労働した場合、深夜業の割増賃金を支払う必要は
ない。

C　賃金、労働時間その他の当該事業場における労働条件に関する事項を調査審
議し、事業主に対し当該事項について意見を述べることを目的とする委員会
（使用者及び当該事業場の労働者を代表する者を構成員とするものに限る。）が
設置された事業場において、当該委員会がその委員の５分の４以上の多数によ
る議決により所定の事項に関する決議をした場合において、対象労働者であっ
て書面その他の厚生労働省令で定める方法によりその同意を得たものを当該事
業場における一定の業務に就かせたときは、労働基準法第４章に定める労働時
間、休憩、休日及び深夜の割増賃金に関する規定は、対象労働者については適
用しない。

D　新卒者について高度プロフェッショナル制度を適用することはできない。

E　労働基準法の母性保護関係の規定について、高度プロフェッショナル制度の
対象労働者は法第66条第１項（変形労働時間制の適用制限）及び第２項（時間
外労働及び休日労働の制限）並びに第67条（育児時間）の規定は適用されない
が、それ以外の規定については適用される。

〔問６〕　労働基準法の年少者及び妊産婦等に関する次のアからオの記述のうち、正し
いものの組合せは、後記AからEまでのうちどれか。

ア　満13歳以上満15歳に達した日以後の最初の３月31日が終了していない児童を、
許可を受けて使用する使用者が、修学時間のない日に１日について７時間の範
囲内で労働させることは、別に修学日に労働基準法第35条の休日を与えていれ
ば差し支えない。

イ　親権者若しくは後見人又は行政官庁は、労働契約が未成年者に不利であると
認める場合においては、労働契約の締結時にさかのぼってこれを解除すること
ができる。

ウ　使用者は、産後６週間を経過しない女性が請求した場合には、医師が支障が
ないと認めた業務に就かせることができる。

エ　１カ月単位の変形労働時間制は、妊産婦が請求しない場合には、当該妊産婦
にも適用され、１日又は１週間の法定労働時間を超える時間について労働させ
ることができる。

オ　A社においては、労働基準法第67条の規定による育児時間を有給休暇として
認めているが、労働者がこの休暇を勤務時間の始め又は終わりに請求してきて
これを与えないことは、同条が勤務時間の途中において育児のための時間を与

える趣旨と解されるため同条違反とならない。

A （アとエとオ）　　　B　（イとウとオ）　　　C　（アとイとウとオ）
D　（アとエ）　　　　E　（イとウとエ）

〔問7〕　就業規則等に関する次の記述のうち、正しいものはどれか。

A　就業規則が労働者に対し、一定の事項につき使用者の業務命令に服従すべき旨を定めているときは、そのような就業規則の規定内容が合理的なものであるかぎりにおいて当該具体的労働契約の内容をなしているものということができるとするのが最高裁判所の判例である。

B　行政官庁は、法令又は労働協約に牴触する就業規則の変更を命ずることはできない。

C　労働基準法第90条の「労働組合の意見を聴かなければならない」とは、単なる意見聴取ではなく労働組合と協議決定すべきであるとの趣旨である。

D　就業規則の絶対的必要記載事項である「退職に関する事項」には、「解雇の事由」は含まれない。

E　1歳に満たない子を養育する労働者で育児休業をしないものについて時差出勤の制度を設ける場合、その始業及び終業時刻について就業規則に記載する必要はない。

〔問8〕　労働安全衛生法に関する次の記述のうち、誤っているものはどれか。

A　労働安全衛生法（第2章の規定を除く。）は、鉱山保安法第2条第2項及び第4項の規定による鉱山における保安については、適用しない。

B　労働安全衛生法第38条の製造時等検査等、性能検査、個別検定又は型式検定の結果についての処分については、審査請求をすることができない。

C　造船所等の各工場が事業部制をしいていても造船所長がこれを総括的に管理している場合には、当該造船所を一つの事業場として労働安全衛生法が適用される。

D　労働安全衛生法第3条第2項によれば、機械、器具その他の設備を設計し、製造し、若しくは輸入する者、原材料を製造し、若しくは輸入する者又は建設物を建設し、若しくは設計する者は、これらの物の設計、製造、輸入又は建設に際して、安全で衛生的な作業の遂行をそこなうおそれのある条件を附さないように配慮しなければならない。

E　労働安全衛生法第3条第3項によれば、建設工事の注文者等仕事を他人に請け負わせる者は、施工方法、工期等について、安全で衛生的な作業の遂行をそ

こなうおそれのある条件を附さないように配慮しなければならない。

〔問9〕 産業医に関する次の記述のうち、誤っているものはどれか。

A 産業医を選任した事業者は、産業医に対し、厚生労働省令で定めるところにより、労働者の労働時間に関する情報その他の産業医が労働者の健康管理等を適切に行うために必要な情報として厚生労働省令で定めるものを提供しなければならない。

B 産業医は、労働者の健康を確保するため必要があると認めるときは、事業者に対し、労働者の健康管理等について必要な勧告をすることができる。この場合において、事業者は、当該勧告を尊重しなければならない。事業者は、勧告を受けたときは、厚生労働省令で定めるところにより、当該勧告の内容その他の厚生労働省令で定める事項を安全委員会に報告しなければならない。

C 使用労働者数が常時40人の製造業の事業場では、産業医を選任する必要はない。

D 産業医は、少なくとも毎月1回（産業医が、事業者から、毎月1回以上、衛生管理者が行う巡視の結果等の所定の情報の提供を受けている場合であって、事業者の同意を得ているときは、少なくとも2月に1回）作業場等を巡視し、作業方法又は衛生状態に有害のおそれがあるときは、直ちに、労働者の健康障害を防止するため必要な措置を講じなければならない。

E 事業者は、産業医が辞任したとき又は産業医を解任したときは、遅滞なく、その旨及びその理由を衛生委員会又は安全衛生委員会に報告しなければならない。

〔問10〕 労働安全衛生法に関する次の記述のうち、正しいものはいくつあるか。

ア 事業者は、潜水業務その他の健康障害を生ずるおそれのある業務で、厚生労働省令で定めるものに従事させる労働者については、厚生労働省令で定める作業時間についての基準に違反して、当該業務に従事させてはならない。

イ 事業者は、労働者の健康に配慮して、労働者の従事する作業を適切に管理するように努めなければならない。

ウ 面接指導の実施の事務に従事した者は、その実施に関して知り得た労働者の秘密を漏らしてはならない。

エ 労働安全衛生法は、労働基準法と相まって、労働災害の防止のための危害防止基準の確立、責任体制の明確化及び自主的活動の促進の措置を講ずる等その防止に関する総合的計画的な対策を推進することにより職場における労働者の

安全と健康を確保するとともに、快適な職場環境の形成を促進することを目的とする。

オ　事業者は、労働者に対する健康教育及び健康相談その他労働者の健康の保持増進を図るため必要な措置を継続的かつ計画的に講ずるように努めなければならない。

A　一つ

B　二つ

C　三つ

D　四つ

E　五つ

労働者災害補償保険法
（労働保険の保険料の徴収等に関する法律を含む。）

〔問1〕 厚生労働省労働基準局長通知（「心理的負荷による精神障害の認定基準について」令和5年9月1日付け基発0901第2号。以下「認定基準」という。）に関する次の記述のうち、誤っているものはどれか。なお、本問において「対象疾病」とは、「認定基準で対象とする疾病」のことである。

A　認定基準においては、次の①、②及び③のいずれの要件も満たす対象疾病は、労働基準法施行規則別表第1の2第9号に規定する精神及び行動の障害又はこれに付随する疾病に該当する業務上の疾病として取り扱うこととされている。

　　①　対象疾病を発病していること。

　　②　対象疾病の発病前おおむね6カ月の間に、業務による強い心理的負荷が認められること。

　　③　業務以外の心理的負荷及び個体側要因により対象疾病を発病したとは認められないこと。

B　認定基準において、業務による強い心理的負荷とは、精神障害を発病した労働者が、その出来事及び出来事後の状況を主観的にどう受け止めたかによって評価するのではなく、同じ事態に遭遇した場合、同種の労働者が一般的にその出来事及び出来事後の状況をどう受け止めるかという観点から評価するものとされている。

C　認定基準においては、業務による心理的負荷の強度の判断に当たっては、発病前おおむね6カ月の間に、対象疾病の発病に関与したと考えられる業務によるどのような出来事があり、また、その後の状況がどのようなものであったのかを具体的に把握し、それらによる心理的負荷の強度はどの程度であるかについて、「業務による心理的負荷評価表」を指標として「強」、「中」、「弱」の三段階に区分することとされている。

D　認定基準においては、「極度の長時間労働は、心身の極度の疲弊、消耗を来し、うつ病等の原因となることから、発病直前の1カ月におおむね100時間を超える時間外労働を行った場合等には、当該極度の長時間労働に従事したことのみで心理的負荷の総合評価を「強」とする。」とされている。

E　認定基準においては、セクシュアルハラスメントが原因で対象疾病を発病したとして労災請求がなされた事案の心理的負荷の評価に際しての留意事項として、セクシュアルハラスメントを受けた者は、勤務を継続したいとか、セクシュアルハラスメントを行った者（以下「行為者」という。）からのセクシュ

［解説付］完全模擬問題　社労士Ⅴ　23

アルハラスメントの被害をできるだけ軽くしたいとの心理などから、やむを得ず行為者に迎合するようなメール等を送ることや、行為者の誘いを受け入れることがあるが、これらの事実は、セクシュアルハラスメントを受けたことを単純に否定する理由にはならないこととされている。

〔問２〕 通勤災害に関する次の記述のうち、正しいものはいくつあるか。

ア 通勤災害に関する保険給付の対象となる疾病（通勤による疾病）の範囲は、厚生労働省令で定められているが、当該疾病には、「通勤による負傷に起因する疾病」だけでなく、「その他通勤に起因することの明らかな疾病」も含まれている。

イ 通勤の定義でいう「合理的な経路及び方法」とは、一般に労働者が用いるものと認められる経路及び手段等をいうものであるが、他に子供を監護する者がいない共稼労働者が託児所、親せき等にあずけるためにとる経路などは、そのような立場にある労働者であれば、当然、就業のためにとらざるを得ない経路であるので、合理的な経路となるものと認められる。

ウ 通勤の定義でいう「就業の場所」とは、業務を開始し、又は終了する場所をいうが、本来の業務を行う場所のほか、物品を得意先に届けてその届け先から直接帰宅する場合の物品の届け先がこれにあたる。なお、全員参加で出勤扱いとなる会社主催の運動会の会場等は「就業の場所」にあたらない。

エ 通勤の途中、理美容のため理髪店又は美容院に立ち寄る行為は、特段の事情が認められる場合を除き、日常生活上必要な行為とみることができ、その後合理的な経路に復した後は通勤と認められる。

オ 寝すごしにより就業場所に遅刻した場合は、通勤に該当することはない。

A 一つ
B 二つ
C 三つ
D 四つ
E 五つ

〔問３〕 複数業務要因災害等に関する次のアからオの記述のうち、正しいものの組合せは、後記AからEまでのうちどれか。

ア 複数業務要因災害とは、複数事業労働者（これに類する者として厚生労働省令で定めるものを含む。）の二以上の事業の業務を要因とする負傷、疾病、障害又は死亡をいうが、ここでいう、「二以上の事業の業務を要因とする」とは、

24 社労士Ｖ 2025年度版

複数の事業での業務上の負荷を総合的に評価して当該業務と負傷、疾病、障害又は死亡の間に因果関係が認められることをいう。

イ　複数業務要因災害による疾病の範囲は、労災保険法施行規則第18条の3の6により、労働基準法施行規則別表1の2第9号に掲げる疾病（以下「精神障害」という。）及びその他二以上の事業の業務を要因とすることの明らかな疾病とされており、現時点においては、精神障害のみが想定されている。

ウ　複数業務要因災害に関する保険給付は、それぞれの就業先の業務上の負荷のみでは業務と疾病等との間に因果関係が認められないが、保険給付が行われるという結果を考慮し、いずれの就業先も労働基準法上の災害補償責任を負うものとされている。

エ　特別支給金についても、複数業務要因災害に関する支給が行われる。例えば、遺族特別支給金は、業務上の事由、複数事業労働者の二以上の事業の業務を要因とする事由又は通勤により労働者が死亡した場合に、当該労働者の遺族に対し、その申請に基づいて支給されるものである。

オ　複数業務要因災害に関する労働者災害補償保険等関係事務については、複数の都道府県労働局及び労働基準監督署が関係する場合が想定されるが、その所轄は、生計を維持する程度の最も高い事業の主たる事務所を管轄する都道府県労働局又は労働基準監督署となる。この場合における、生計を維持する程度の最も高い事業の主たる事務所とは、原則として、複数就業先のうち給付基礎日額の算定期間における賃金総額が最も高い事業場を指すものである。

A　（アとエ）　　　　B　（アとエとオ）　　　　C　（アとウとエとオ）

D　（イとオ）　　　　E　（イとウとエ）

〔問4〕　社会復帰促進等事業に関する次の記述のうち、正しいものはどれか。

A　特別支給金は、保険給付としてではなく社会復帰促進等事業の一環として支給されるものであるが、各保険給付に対応してそれと一体的に支給されるものであり、その法的性格も保険給付と実質的に同じく損害てん補の性質を有するので、その価額の限度において、保険給付とともに損害賠償との調整が行われる。

B　既に左手の薬指を切断していた者（障害等級第11級）が、新たな業務上の災害により、左手の人差指と中指を切断した場合（加重後の障害は障害等級第7級）に支給される障害特別支給金の額は、障害等級第7級の者に対して支払われる額から障害等級第11級の者に対して支払われる額を差し引いた額となる。

C　先順位者である遺族が失権したため遺族補償年金の受給権者となった者につ

いては、当該遺族補償年金の支給事由となる労働者の死亡について、遺族特別支給金は支給されるが、遺族特別年金は支給されない。

D　労働者が、故意に負傷、疾病、障害若しくは死亡又はその直接の原因となった事故を生じさせたときは、保険給付は支給されないが、特別支給金は支給される。

E　事業主が、故意又は重大な過失により労働者災害補償保険に係る保険関係成立届の提出を怠っていた期間中に生じさせた事故により、被災労働者に対して特別支給金が支給されることとなった場合には、保険給付と同様に、事業主からその支給に要した費用の徴収が行われる。

〔問５〕　労災保険に関する次の記述のうち、誤っているものはどれか。

A　給付基礎日額の年齢階層別の最高限度額及び最低限度額の規定は、「年金給付の額の算定の基礎として用いるもの」、「療養開始後１年６カ月を経過した日以後に支給事由が生じた休業補償給付、複数事業労働者休業給付又は休業給付の額の算定の基礎として用いるもの」について設定されているが、「障害補償一時金若しくは遺族補償一時金、複数事業労働者障害一時金若しくは複数事業労働者遺族一時金又は障害一時金若しくは遺族一時金の額の算定の基礎として用いるもの」については設定されていない。

B　二次健康診断等給付を受けようとする者は、所定の事項を記載した請求書を、当該二次健康診断等給付を受けようとする労災保険法第29条第１項の事業として設置された病院若しくは診療所又は都道府県労働局長の指定する病院若しくは診療所（「健診給付病院等」という。）を経由して所轄都道府県労働局長に提出しなければならない。

C　労働者の死亡の当時12歳でその収入により生計を維持されていた当該労働者の子が遺族補償年金の受給権者となった場合において、16歳のときに障害等級にして第３級に該当する程度の障害の状態となった。この場合、その状態が継続していたとしても、18歳に達した日以後の最初の３月31日が終了したときに、当該遺族補償年金の受給権は消滅する。

D　保険給付の原因となる事故が第三者の行為によって生じた場合において、保険給付を受けるべき者が当該第三者から同一の事由について損害賠償を受けたときは、その価額の限度で保険給付をしないことができるが、この調整（控除）は、災害発生後７年以内に支給事由の生じた保険給付であって、災害発生後７年以内に支払うべき保険給付を限度として行われる。

E　休業補償給付、複数事業労働者休業給付又は休業給付を受ける権利の時効は、

当該傷病に係る療養のため労働することができないために賃金を受けない日の属する月ごとに、その月の初日から進行する。

〔問６〕 労災保険に関する次の記述のうち、誤っているものはどれか。

A 保険給付を受ける権利は、労働者の退職によって変更されることはない。また、保険給付を受ける権利は、譲り渡し、担保に供し、又は差し押さえることができない。

B 同一の傷病に関し、休業補償給付を受けている者が障害補償給付を受ける権利を有することとなり、かつ、休業補償給付を行わないこととなった場合において、その後も休業補償給付が支払われたときは、その支払われた休業補償給付は、当該障害補償給付の内払とみなすこととされる。

C 偽りその他不正の手段により労働者が保険給付を受けた場合において、事業主が虚偽の報告又は証明をしたためにその保険給付が行われたものであるときは、政府は、その事業主に対し、当該保険給付を受けた者に対して課された徴収金の２倍に相当する金額を納付すべきことを命ずることができる。

D 年金たる保険給付の受給権者が、正当な理由がなく毎年の定期報告書を指定日までに所轄労働基準監督署長に提出しないときは、政府は、当該受給権者に対する年金たる保険給付の支払を一時差し止めることができる。

E 保険給付に関する決定に不服のある者は、労働者災害補償保険審査官に対して審査請求をし、その決定に不服のある者は、労働保険審査会に対して再審査請求をすることができるが、この審査請求及び再審査請求は、時効の完成猶予及び更新に関しては、裁判上の請求とみなされる。

〔問７〕 特別加入制度に関する次の記述のうち、正しいものはどれか。

A 常時100人の労働者を使用する不動産業の事業主で、労働保険徴収法に定める労働保険事務組合に労働保険事務の処理を委託する者は、中小事業主等として労災保険に特別加入することができる。

B 労災保険法第33条第５号の「厚生労働省令で定める種類の作業に従事する者」は、労災保険に特別加入することができるが、家内労働法第２条第２項の家内労働者が行う作業は、当該厚生労働省令で定める種類の作業に該当することはない。

C 海外派遣者について、派遣先の海外の事業が厚生労働省令で定める数以下の労働者を使用する事業に該当する場合であっても、その事業の代表者は、労災保険の特別加入の対象とならない。

D　特別加入に係る一人親方等の団体が、当該団体に係る一人親方等の一部の者から保険料相当額の交付を受けていないために、政府に対して保険料の一部につき滞納しているような場合、保険料相当額を当該団体に交付している一人親方等については、一部滞納期間中の事故に係る保険給付の支給制限が行われることはない。

E　特別加入者に係る休業補償給付は、業務上負傷し、又は疾病にかかり、その療養のため4日以上業務に従事することができない場合には、それによる所得喪失の有無にかかわらず、支給される。

〔問8〕　一般保険料の額の算定に用いる賃金総額に関する次の記述のうち、誤っているものはどれか。

A　慶弔見舞金は、就業規則に支給に関する規定があり、その規定に基づいて支払われたものであっても、労働保険料の算定基礎となる賃金総額に含めない。

B　社会保険料の労働者負担分を、事業主が、労働協約等の定めによって義務づけられて負担した場合、その負担額は賃金と解することとされており、労働保険料等の算定基礎となる賃金総額に含める。

C　労働基準法第76条の規定に基づく休業補償は、労働不能による賃金喪失に対する補償であり、労働の対償ではないので、労働保険料等の算定基礎となる賃金に含めない。また、休業補償の額が平均賃金の60%を超えた場合についても、その超えた額を含めて労働保険料等の算定基礎となる賃金総額に含めない。

D　労災保険に係る保険関係が成立している事業のうち、業態の特殊性等の理由により賃金総額を原則どおり正確に算定することが困難な事業については、特例による賃金総額の算定が認められているが、その対象となる事業は、「請負による建設の事業」に限られている。

E　令和7年3月25日締切り、翌月10日支払の月額賃金は、令和6年度保険料の算定基礎額となる賃金総額に含まれる。

〔問9〕　労働保険料に関する次の記述のうち、誤っているものはどれか。

A　労災保険率は、労災保険法の規定による保険給付及び社会復帰促進等事業に要する費用の予想額に照らし、将来にわたって、労災保険の事業に係る財政の均衡を保つことができるものでなければならないものとし、政令で定めるところにより、労災保険法の適用を受けるすべての事業の過去3年間の業務災害、複数業務要因災害及び通勤災害に係る災害率並びに二次健康診断等給付に要した費用の額、社会復帰促進等事業として行う事業の種類及び内容その他の事情

を考慮して厚生労働大臣が定める。

　B　いわゆる一括有期事業にメリット制が適用されるためには、収支率の算定に係る連続する3保険年度中の各保険年度における確定保険料の額が、40万円以上であることが必要である。

　C　継続事業のメリット制が適用された場合、当該事業の労災保険率から非業務災害率を減じた率が100分の40の範囲内において厚生労働省令で定める率だけ引き上げ又は引き下げられるが、当該改定後の労災保険率は、収支率の算定に係る連続する3保険年度中の最後の保険年度の次の次の保険年度から適用される。

　D　労災保険のメリット制の適用の要件となる収支率の算定に当たっては、通勤災害に関する保険給付の額は、その算定基礎に含まれない。

　E　いわゆる一括有期事業にメリット制が適用される場合、継続事業と同様に、当該事業の労災保険率から非業務災害率を減じた率が100分の40の範囲内において厚生労働省令で定める率だけ引き上げ又は引き下げられることになるが、具体的には、建設の事業、立木の伐採の事業ともに「100分の30」の範囲内において引き上げ又は引き下げられる。

〔問10〕　労働保険料等に関する次の記述のうち、誤っているものはどれか。

　A　所定の期限までに確定保険料申告書を提出しなかった事業主が、政府が決定した労働保険料の額の通知を受けたときは、当該事業主は、その納付すべき保険料額又は不足額（その額に1,000円未満の端数があるときは、その端数は切り捨てる。）に100分の10を乗じて得た額の追徴金を加えて納付しなければならない。

　B　労働保険料その他労働保険徴収法の規定による徴収金を納付しない者があるときは、政府は、督促状により、督促状を発する日から起算して10日以上経過した日を期限と指定して督促しなければならない。

　C　納付義務者の住所又は居所がわからず、公示送達の方法による督促を行った場合には、所定の期限までに徴収金の完納がなくても延滞金は徴収されない。

　D　事業主が、追徴金について、督促状による納付の督促を受けたにもかかわらず、督促状に指定する期限までに当該追徴金を納付しないときは、当該追徴金に関して、延滞金が徴収される。

　E　労働保険料その他労働保険徴収法の規定による徴収金の先取特権の順位は、国税及び地方税に次ぐものとされている。

雇用保険法
（労働保険の保険料の徴収等に関する法律を含む。）

〔問１〕 用語の定義に関する次の記述のうち、誤っているものはどれか

 A 失業とは、被保険者が離職し、労働の意思及び能力を有するにもかかわらず、職業に就くことができない状態にあることをいう。

 B 労働の能力とは、労働に従事し、その対価を得て自己の生活に資し得る精神的、肉体的及び環境上の能力をいい、受給資格者の労働能力については、公共職業安定所において判断する。

 C 職業に就くことができない状態とは、公共職業安定所が受給資格者の求職の申込みに応じて最大の努力をしたが、就職させることができない状態をいう。

 D 賃金とは、賃金、給料、手当、賞与その他名称のいかんを問わず、労働の対償として事業主が労働者に支払うもの（通貨以外のもので支払われるものであって、厚生労働省令で定める範囲外のものを除く。）をいう。

 E 事業とは、反復継続する意思をもって業として行われるものをいい、一の経営組織として独立性をもったもの、すなわち、一定の場所において一定の組織のもとに有機的に相関連して行われる一体的な経営活動がこれに当たる。

〔問２〕 被保険者に関する次の記述のうち、誤っているものはどれか。

 A １週間の所定労働時間が25時間である者は、短期雇用特例被保険者となることはない。

 B １カ月の期間を定めて雇用される者は、日雇労働者となり、この者が適用事業に雇用されると日雇労働被保険者となる。

 C １週間の所定労働時間が20時間未満である者は、日雇労働被保険者となることがある。

 D １年を通じて漁船に乗り組み船員として雇用される者は、雇用保険の被保険者となることがある。

 E 個人事業主は、被保険者とならない。

〔問３〕 被保険者の資格に関する次の記述のうち、誤っているものはいくつあるか。

 ア 被保険者資格の取得又は喪失の確認は行政庁の裁量行為であるため、法定の要件に該当する事実がある場合であっても、行わないことができる。

 イ 適用事業に雇用されるに至った日とは、雇用契約の成立の日を意味するものではなく、雇用関係に入った最初の日（一般的には、被保険者資格の基礎とな

る当該雇用契約に基づき労働を提供すべきこととされている最初の日）をいう。

ウ　季節的業務に3カ月契約で雇用された者が引き続き雇用されるに至った場合
は、他の要件を満たす限り、4カ月目の初日から短期雇用特例被保険者となる。

エ　従前から1週間の所定労働時間が20時間未満の者として適用事業に就労して
いた者が、労働条件の変更等により、1週間の所定労働時間が20時間以上と
なった場合には、当該事業に雇用された最初の日にさかのぼって被保険者資格を
取得する。

オ　被保険者の雇用される適用事業の雇用関係に係る保険関係が消滅したことに
よって、被保険者資格を喪失する場合は、当該事業に雇用される労働者は、当
該保険関係が消滅した日に被保険者資格を喪失する。

A　一つ

B　二つ

C　三つ

D　四つ

E　五つ

〔問4〕　被保険者資格取得届に関する次の記述のうち、正しいものはどれか。

A　事業主による届出の際は、被保険者となる者の雇用保険被保険者証を添付し
なければならない。

B　記入すべき事業所番号は、労働保険番号に事業所ごとの枝番が付されたもの
である。

C　記入すべき「賃金」は、将来、当該被保険者が離職した際の基本手当の額の
基となるものである。

D　取得区分が新規の者については、被保険者番号は空欄とすること。

E　被保険者が外国人の場合は、「17.被保険者氏名」欄に在留カードに記載され
ている氏名を、カタカナで記入すること。

〔問5〕　失業の認定に関する次の記述のうち、誤っているものはどれか。

A　基本手当に係る失業の認定日において、認定対象期間に求職活動実績が原則
2回以上あることを確認できた場合に失業の認定が行われるが、基本手当の支
給に係る最初の失業の認定日における認定対象期間（待期期間を除く。）であ
る場合は、1回以上の求職活動実績があれば足りる。

B　離職理由による給付制限（給付制限期間が1カ月となる場合を除く。）満了
後の初回支給認定日については、当該給付制限期間と初回支給認定日に係る給

［解説付］完全模擬問題　社労士Ｖ　｜　31

付制限満了後の認定対象期間をあわせた期間に求職活動を原則3回以上行った実績を確認できた場合に、他に不認定となる事由がある日以外の各日について失業の認定を行う。

C　単なる職業紹介機関への登録、知人への紹介依頼、公共職業安定所・新聞・インターネット等での求人情報の閲覧等だけでは、求職活動実績には該当しない。

D　求人への応募について求職活動実績として認められるのは、面接を受けた場合や筆記試験を受験したような場合であって、単に応募書類を郵送した場合は含まれない。

E　求人への応募に係る採否結果を得るまでに、一の認定対象期間の全期間を超えて時間を要する場合の当該一の認定対象期間については、原則として、他に不認定となる事由がある場合を除き、労働の意思及び能力があるものとして取り扱う。

〔問6〕　再就職手当受給のための要件に関する次の記述のうち、誤っているものはどれか。

A　就職日の前日における基本手当の支給残日数が当該受給資格に基づく所定給付日数の3分の1以上でなければならないが、この支給残日数には、延長給付により延長された給付日数は含まれない。

B　「1年を超えて引き続き雇用されることが確実と認められる職業に就き、又は事業（当該事業により当該受給資格者が自立することができると公共職業安定所長が認めたものに限る。）を開始したこと」との要件については、1年以下の期間の定めのある雇用に就いた場合であっても、その雇用契約が1年を超えて更新されることが確実であると認められるときは、この基準を満たすものとして取り扱う。

C　「事業を開始したこと」の要件に該当する場合として、例えば、受給期間内に開始した事業により被保険者資格を取得する者を雇い入れ、雇用保険の適用事業の事業主となること（概ね1年以下の期間を定めて行う事業を除く。）がある。

D　「離職前の事業主に再び雇用されたものでないこと」の事業主には、関連事業主（資本金、資金、人事、取引等の状況からみて離職前の事業主と密接な関係にある他の事業主をいう。）を含む。

E　要件の一つに「安定した職業に就いた日前3年以内の就職について、再就職手当又は常用就職支度手当の支給を受けたことがないこと」があるが、過去3

年以内の就職や事業開始について再就職手当や常用就職支度手当を不正に受給した場合は、当該不正に受給した再就職手当又は常用就職支度手当をその後返還したとしても、この基準を満たしたものとは取り扱わない。

〔問7〕 育児休業等給付に関する次の記述のうち、正しいものはどれか。

なお、本問の被保険者には、短期雇用特例被保険者及び日雇労働被保険者を含めないものとする。

A 育児休業給付金においては、被保険者が育児休業を開始した日を被保険者でなくなった日とみなして、当該育児休業を開始した日の前日からさかのぼって1カ月ごとに区分し、その区分された期間のうち賃金支払基礎日数が15日以上あるものを、1カ月のみなし被保険者期間として計算する。

B 育児休業給付金の支給を受けるためには、みなし被保険者期間が12カ月間必要であるが、労働基準法第65条第2項の規定による産後休業をした被保険者であってみなし被保険者期間が12カ月に満たないものについては、特例基準日前2年間に通算して12カ月以上あればよいとされている。この特例基準日とは、同法同条同項の規定による産後休業を開始した日をいう。

C 労働基準法第65条第2項の規定による産後休業は、出生時育児休業給付金の対象とならない。

D 配偶者がいない者には、出生後休業支援給付金は支給されない。

E 育児時短就業給付金は、雇用保険の被保険者であり、3歳未満の子を養育するために育児時短就業をする者が支給対象となる。

〔問8〕 労働保険の保険料の徴収等に関する次の記述のうち、誤っているものはどれか。

A 概算保険料について延納できる要件を満たし労働保険事務組合に事務処理を委託している有期事業（一括有期事業を除く。）の事業主については、概算保険料の額が75万円未満であっても、延納することができる。

B 概算保険料について延納できる要件を満たす継続事業の事業主が、8月1日に保険関係が成立した事業について延納を希望する場合は、2回に分けて納付することができ、最初の期分の納付期限は9月20日となる。

C 概算保険料について延納できる要件を満たし労働保険事務組合に事務処理を委託している有期事業（一括有期事業を除く。）の事業主が延納を希望する場合、8月から11月の期が2期目以降の期となるときは、当該期の納期限は11月14日となる。

D 保険年度の途中で保険料率の引上げが行われた場合、政府は、額の多少を問

わず、事業主から追加の労働保険料を徴収する。

　　E　保険年度の途中で賃金総額の見込額が増加した場合において、増加後の見込額が増加前の見込額の100分の200を超えたとしても、増加後の見込額に基づき算定した概算保険料の額と既に納付した概算保険料の額との差額が13万円に満たない場合は、事業主は、増加概算保険料を申告・納付しなくてよい。

〔問９〕　印紙保険料の納付等に関する次の記述のうち、誤っているものはどれか。

　　A　日雇労働被保険者は、事業主に使用されたときは、そのつど雇用保険印紙の貼付又は印紙保険料納付計器による納付印の押なつを受けるために、その所持する日雇労働被保険者手帳を事業主に提出しなければならない。

　　B　何人も消印を受けない雇用保険印紙を所持してはならず、事業主その他正当な権限を有する者であっても同様である。

　　C　印紙保険料納付計器の設置の承認を受けた事業主は、印紙保険料納付計器を使用する前に、納付計器に係る都道府県労働局歳入徴収官から、当該印紙保険料納付計器を始動するために必要な票札の交付を受けなければならない。

　　D　雇用保険印紙購入通帳の交付を受けている事業主は、印紙保険料納付状況報告書によって、毎月における雇用保険印紙の受払状況を、翌月末日までに所轄都道府県労働局歳入徴収官に報告しなければならない。

　　E　日雇労働被保険者を雇用している事業主は、自己の責任において日雇労働被保険者から被保険者手帳を提出させる義務を負っているが、日雇労働被保険者が提出を拒んだ場合については、政府は当該事業主から追徴金を徴収しない。

〔問10〕　労働保険事務組合に関する次の記述のうち、正しいものはどれか。

　　A　法人でない団体は、団体性が明確であったとしても、労働保険徴収法第33条第２項に規定する労働保険事務組合としての厚生労働大臣の認可を得ることができない。

　　B　労働保険事務組合がその業務を廃止しようとするときは、委託事業主の４分の３以上の同意を得なければならない。

　　C　新しい団体であっても、労働保険徴収法第33条第２項に規定する厚生労働大臣の認可を受けることにより、労働保険事務組合としての業務を行うことができる。

　　D　労働保険事務組合は、事業主の代理人として労働保険事務を処理するが、他に、健康保険法の規定に基づき設立される健康保険組合のように、保険者として保険事業を管掌する責務も負っている。

E　常時使用労働者数が90人である卸売業の事業主は、労働保険事務組合に労働保険の事務処理を委託することができる。

労務管理その他の労働及び社会保険に関する一般常識

〔問 1 〕　労働時間制度、賃金制度及び資産形成に関する次の記述のうち、誤っている
　　　　　ものはどれか。なお、本問は「令和 6 年就労条件総合調査（厚生労働省）」を参
　　　　　照しており、当該調査による用語及び統計等を利用している。

　　　A　時間外労働の割増賃金率（ 1 カ月60時間を超える時間外労働に係る割増賃金
　　　　　率は除く。）を「一律に定めている」企業割合は83.3％となっており、このう
　　　　　ち時間外労働の割増賃金率を「25％」とする企業割合は94.2％、「26％以上」
　　　　　とする企業割合は5.5％となっている。

　　　B　時間外労働の割増賃金率を定めている企業のうち、 1 カ月60時間を超える時
　　　　　間外労働に係る割増賃金率を定めている企業割合は61.1％となっており、この
　　　　　うち時間外労働の割増賃金率を「25〜49％」とする企業割合は0.9％、「50％以
　　　　　上」とする企業割合は99.0％となっている。

　　　C　貯蓄制度がある企業割合は33.2％となっている。企業規模別にみると、「1,000
　　　　　人以上」が74.8％、「300〜999人」が61.0％、「100〜299人」が44.3％、「30〜99
　　　　　人」が25.6％となっている。これを貯蓄制度の種類（複数回答）別にみると、
　　　　　「財形貯蓄」が28.9％と最も多くなっている。また、財形貯蓄の種類（複数回
　　　　　答）別をみると、「一般財形貯蓄」が28.0％と最も多くなっている。

　　　D　住宅資金融資制度がある企業割合は3.4％となっている。企業規模別にみると、
　　　　　「1,000人以上」が21.1％、「300〜999人」が8.8％、「100〜299人」が4.4％、「30
　　　　　〜99人」が2.0％となっている。これを住宅資金融資制度の種類（複数回答）
　　　　　別にみると、「財形貯蓄の積立を条件とする金融機関との提携による住宅ロー
　　　　　ン」が2.5％と最も多くなっている。

　　　E　令和 5 年 1 年間に企業が付与した年次有給休暇日数（繰越日数を除く。）を
　　　　　みると、労働者 1 人平均は16.9日、このうち労働者が取得した日数は11.0日で、
　　　　　取得率は65.3％となっており、昭和59年以降最も高くなっている。

〔問 2 〕　令和 6 年賃金引上げ等の実態に関する調査の概況に関する次の記述のうち、
　　　　　正しいものはどれか。なお、本問は「令和 6 年賃金引上げ等の実態に関する調査
　　　　　（厚生労働省）」を参照しており、当該調査による用語及び統計等を利用している。

　　　A　令和 6 年中における賃金の改定の実施状況（ 9 〜12月予定を含む。）をみる
　　　　　と、「 1 人平均賃金を引き上げた・引き上げる」企業の割合は91.2％、「 1 人平
　　　　　均賃金を引き下げた・引き下げる」は0.1％、「賃金の改定を実施しない」は
　　　　　2.3％、「未定」は6.4％となっている。企業規模別にみると、すべての規模で

「1人平均賃金を引き上げた・引き上げる」企業の割合が9割を超えているが、いずれも前年の割合を下回っている。

B　令和6年中に賃金の改定を実施した又は予定している企業及び賃金の改定を実施しない企業における定期昇給（以下、本肢において「定昇」という。）制度のある企業の定昇の実施状況をみると、管理職では定昇を「行った・行う」企業の割合は76.8％、「行わなかった・行わない」は4.3％となっている。また、一般職では定昇を「行った・行う」は2.6％、「行わなかった・行わない」は83.4％となっている。

C　令和6年中に賃金の改定を実施した又は予定していて額も決定している企業について、賃金の改定の決定に当たり最も重視した要素をみると、「労働力の確保・定着」の割合が35.2％と最も多くなっている。次いで「企業の業績」が14.3％、「雇用の維持」が12.8％となっている。

D　令和6年における夏の賞与の支給状況をみると、「支給した又は支給する（額決定）」企業の割合は88.1％、「支給するが額は未定」は3.9％、「支給しない」は6.5％となっている。

E　労働組合がある企業を100とした場合の、労働組合からの賃上げ要求交渉の有無をみると、「賃上げ要求交渉があった」企業の割合は15.6％、「賃上げ要求交渉がなかった」は80.2％となっている。

〔問3〕　社会保険労務士法に関する次の記述のうち、正しいものはいくつあるか。

ア　社会保険労務士法は、社会保険労務士の制度を定めて、その業務の適正を図り、もって労働及び社会保険に関する法令の円滑な実施に寄与するとともに、事業の健全な発達と労働者等の福祉の向上に資することを目的としている。

イ　開業社会保険労務士は、その業務に関する帳簿を備え、当該帳簿をその関係書類とともに、帳簿閉鎖の時から3年間保存しなければならない。開業社会保険労務士でなくなったときも、同様とする。

ウ　厚生労働大臣は、社会保険労務士が、故意に、真正の事実に反して申請書等の作成、事務代理若しくは紛争解決手続代理業務を行ったときは、戒告又は1年以内の開業社会保険労務士若しくは開業社会保険労務士の使用人である社会保険労務士若しくは社会保険労務士法人の社員若しくは使用人である社会保険労務士の業務の停止の処分をすることができる。

エ　社会保険労務士法人の社員は、自己若しくは第三者のためにその社会保険労務士法人の業務の範囲に属する業務を行い、又は他の社会保険労務士法人の社員となってはならない。

オ　社会保険労務士会は、会員の品位を保持し、その資質の向上と業務の改善進歩を図るため、会員の指導及び連絡に関する事務並びに試験事務を行うことを目的とする。

A　一つ
B　二つ
C　三つ
D　四つ
E　五つ

〔問４〕　労働契約法に関する次の記述のうち、誤っているものはどれか。

A　同一の使用者との間で締結された２以上の有期労働契約（契約期間の始期の到来前のものを除く。以下、本肢において同じ。）の契約期間を通算した期間が５年を超える労働者が、当該使用者に対し、現に締結している有期労働契約の契約期間が満了する日までの間に、当該満了する日の翌日から労務が提供される期間の定めのない労働契約の締結の申込みをしたときは、使用者は当該申込みを承諾したものとみなす。

B　労働契約は、労働者及び使用者が、就業の実態に応じて、均衡を考慮しつつ締結し、又は変更すべきものとする。

C　使用者は、有期労働契約について、その有期労働契約により労働者を使用する目的に照らして、必要以上に短い期間を定めることにより、その有期労働契約を反復して更新してはならないこととされている。

D　この法律において「使用者」とは、その使用する労働者に対して賃金を支払う者をいう。

E　労働契約法は、労働者及び使用者の自主的な交渉の下で、労働契約が合意により成立し、又は変更されるという合意の原則その他労働契約に関する基本的事項を定めることにより、合理的な労働条件の決定又は変更が円滑に行われるようにすることを通じて、労働者の保護を図りつつ、個別の労働関係の安定に資することを目的とする。

〔問５〕　労働関係法規に関する次の記述のうち、正しいものはどれか。なお、本問において、「労働者派遣法」とは「労働者派遣事業の適正な運営の確保及び派遣労働者の保護等に関する法律」のことであり、「パートタイム・有期雇用労働法」とは「短時間労働者及び有期雇用労働者の雇用管理の改善等に関する法律」のことである。

A　労働者派遣法において、「比較対象労働者」とは、派遣元に雇用される通常の労働者であって、その業務の内容及び当該業務に伴う責任の程度（以下、本肢において「職務の内容」という。）並びに当該職務の内容及び配置の変更の範囲が、労働者派遣に係る派遣労働者と同一であると見込まれるものその他の当該派遣労働者と待遇を比較すべき労働者として厚生労働省令で定めるものをいう。

B　労働者派遣法において、派遣元事業主は、その雇用する派遣労働者の基本給、賞与その他の待遇のそれぞれについて、当該待遇に対応する派遣先に雇用される通常の労働者の待遇との間において、当該派遣労働者及び通常の労働者の職務の内容、当該職務の内容及び配置の変更の範囲その他の事情のうち、当該待遇の性質及び当該待遇を行う目的に照らして適切と認められるものを考慮して、不利益と認められる相違を設けてはならないとされている。

C　障害者の雇用の促進等に関する法律第43条第1項において、事業主（常時雇用する労働者（以下、本肢において、単に「労働者」という。）を雇用する事業主をいい、国及び地方公共団体を除く。）は、厚生労働省令で定める雇用関係の変動がある場合には、その雇用する対象障害者である労働者の数が、その雇用する労働者の数に障害者雇用率を乗じて得た数（その数に1人未満の端数があるときは、その端数は、1に切り上げる。）以上であるようにしなければならないとされている。

D　パートタイム・有期雇用労働法第9条により、事業主は、職務の内容が通常の労働者と同一の短時間・有期雇用労働者であって、当該事業所における慣行その他の事情からみて、当該事業主との雇用関係が終了するまでの全期間において、その職務の内容及び配置が当該通常の労働者の職務の内容及び配置の変更の範囲と同一の範囲で変更されることが見込まれるものについては、短時間・有期雇用労働者であることを理由として、基本給、賞与その他の待遇のそれぞれについて、差別的取扱いをしてはならないとされている。

E　事業主は、常時5人以上の短時間・有期雇用労働者を雇用する事業所ごとに、厚生労働省令で定めるところにより、指針に定める事項その他の短時間・有期雇用労働者の雇用管理の改善等に関する事項を管理させるため、短時間・有期雇用管理者を選任するように努めるものとされている。

〔問6〕　介護保険法に関する次のアからオの記述のうち、正しいものの組合せは、後記AからEまでのうちどれか。

　　ア　介護保険は、被保険者の要介護状態又は要予防状態に関し、必要な保険給付

を行うものとされている。

イ　国及び地方公共団体は、被保険者が、可能な限り、住み慣れた地域でその有する能力に応じ自立した日常生活を営むことができるよう、保険給付に係る保健医療サービス及び福祉サービスに関する施策、要介護状態等となることの予防又は要介護状態等の軽減若しくは悪化の防止のための施策並びに地域における自立した日常生活の支援のための施策を、医療及び居住に関する施策との有機的な連携を図りつつ包括的に推進するよう努めなければならない。

ウ　介護保険の規定に基づく保険給付は、要介護状態等の軽減又は悪化の防止に資するよう行われるとともに、医療との連携に十分配慮して行われなければならず、被保険者の心身の状況、その置かれている環境等に応じて、被保険者の選択に基づき、適切な保健医療サービス及び福祉サービスが、多様な事業者又は施設から、総合的かつ効率的に提供されるよう配慮して行われなければならないとされている。

エ　要介護状態に該当すること及びその該当する要介護状態区分に係る審査判定業務を行わせるため、都道府県に介護認定審査会を置くこととされている。

オ　国民は、自ら要介護状態となることを予防するため、加齢に伴って生ずる心身の変化を自覚して常に健康の保持増進を行うとともに、要介護状態となった場合においても、進んでリハビリテーションその他の適切な保健医療サービス及び福祉サービスを利用することにより、その有する能力の維持向上を図らなければならない。

A　（アとイ）　　　　B　（アとエ）　　　　C　（イとウ）

D　（ウとオ）　　　　E　（エとオ）

〔問7〕　高齢者の医療の確保に関する法律に関する次の記述のうち、正しいものはどれか。

A　後期高齢者医療は、高齢者の疾病、負傷、障害又は死亡に関して必要な給付を行うものとされている。

B　社会保険診療報酬支払基金は、各保険者（国民健康保険にあっては、都道府県。以下本肢において同じ。）に係る加入者の数に占める前期高齢者である加入者（65歳に達する日の属する月の翌月（その日が月の初日であるときは、その日の属する月）以後である加入者であって、70歳に達する日の属する月以前であるものその他厚生労働省令で定めるものをいう。）の数の割合に係る負担の不均衡を調整するため、政令で定めるところにより、保険者に対して、前期高齢者交付金を交付する。

C　厚生労働大臣は、国民の高齢期における適切な医療の確保を図る観点から、医療に要する費用の適正化（以下、本肢において「医療費適正化」という。）を総合的かつ計画的に推進するため、医療費適正化に関する施策についての基本的な方針を定めるとともに、5年ごとに、5年を一期として、全国医療費適正化計画を定めるものとされている。

D　保険医療機関等は療養の給付に関し、保険医等は後期高齢者医療の診療又は調剤に関し、市町村長の指導を受けなければならない。

E　国民は、自助と連帯の精神に基づき、自ら加齢に伴って生ずる心身の変化を自覚して常に健康の保持増進に努めるとともに、高齢者の医療に要する費用を公平に負担するものとする。

〔問8〕　船員保険法に関する次の記述のうち、正しいものはどれか。

A　船員保険は、政府が管掌する。

B　船員保険事業に関して船舶所有者及び被保険者（その意見を代表する者を含む。）の意見を聴き、当該事業の円滑な運営を図るため、全国健康保険協会に船員保険運営委員会が置かれている。

C　被保険者が職務上の事由により行方不明となったときは、その期間、被扶養者に対し、行方不明手当金を支給する。ただし、行方不明の期間が3カ月未満であるときは、この限りでない。

D　船員保険法は、船員又はその被扶養者の職務外の事由による疾病、負傷若しくは死亡又は出産に関して保険給付を行うとともに、労働者災害補償保険による保険給付と併せて船員の職務上の事由又は通勤による疾病、負傷、障害又は死亡に関して保険給付を行うこと等により、船員の生活の安定と福祉の向上に寄与することを目的とする。

E　被保険者の資格、標準報酬又は保険給付に関する処分に不服がある者は、船員保険審査官に対して審査請求をし、その決定に不服がある者は、社会保険審査会に対して再審査請求をすることができる。

〔問9〕　次の記述のうち、正しいものはどれか。

A　確定拠出年金法第3条第1項によれば、厚生年金適用事業所の事業主は、企業型年金を実施しようとするときは、企業型年金を実施しようとする厚生年金適用事業所に使用される第1号等厚生年金被保険者の過半数で組織する労働組合があるときは当該労働組合、当該第1号等厚生年金被保険者の過半数で組織する労働組合がないときは当該第1号等厚生年金被保険者の過半数を代表する

者の同意を得られれば、当該事業主が作成した企業型年金に係る規約について厚生労働大臣の承認を受ける必要はない。

B 確定給付企業年金法の規定により設立された企業年金連合会は、評議員の定数の4分の3以上の多数により議決すれば解散することができ、この場合、厚生労働大臣の認可は不要である。

C 児童手当法第9条第3項の規定によれば、児童手当の支給を受けている者につき、児童手当の額が減額することとなるに至った場合における児童手当の額の改定は、その事由が生じた日の属する月から行うものとされている。

D 高齢者の医療の確保に関する法律に規定する特定健康診査等実施計画に基づいて行う特定健康診査の対象は、45歳以上の加入者である。

E 要介護認定は、その申請のあった日にさかのぼってその効力を生ずる。

〔問10〕 我が国の社会保険の沿革に関する次の記述のうち、誤っているものはどれか。

A 後期高齢者医療制度は、従来の老人保健制度を発展的に継承した独立制度として、平成20年に創設された。

B 厚生年金保険法の前身である労働者年金保険法は、昭和17年に施行された。

C 昭和60年に国民健康保険法が全面改正され、昭和61年から全国の市町村に国民健康保険の実施が義務付けられた。

D 船員を対象とした医療、年金などに関する総合的な保険制度であった船員保険制度を定めた船員保険法が制定されたのは、昭和14年のことである。

E 健康保険法において、保険給付の給付率を原則として7割（自己負担割合3割）としたのは、平成15年4月からである。

健康保険法

〔問１〕 健康保険法に関する次の記述のうち、誤っているものはどれか。

A 事業主は、被保険者に係る健康保険法施行規則第26条の２第５号の区別の変更があったときは、当該事実があった日から５日以内に、被保険者の区分変更の届出を厚生労働大臣又は健康保険組合に提出しなければならない。なお、健康保険法施行規則第26条の２第５号の区別とは、その１週間の所定労働時間が同一の事業所に使用される通常の労働者の１週間の所定労働時間の４分の３未満である短時間労働者又はその１カ月間の所定労働日数が同一の事業所に使用される通常の労働者の１カ月間の所定労働日数の４分の３未満である短時間労働者であって、健康保険法第３条第１項第９号イからハまでのいずれの要件にも該当しないものであるかないかの区別のことである。

B 「奨学金返還支援（代理返還）」を利用して給与とは別に事業主が直接返還金を送金する場合は、当該返還金が奨学金の返済に充てられることが明らかであり、被保険者の通常の生計に充てられるものではないことから「報酬等」に該当しないが、事業主が奨学金の返還金を被保険者に支給する場合は、当該返還金が奨学金の返済に充てられることが明らかではないため「報酬等」に該当する。

C 派遣労働者については、派遣元事業所において健康保険の適用を受けるが、派遣元と派遣先の事業所が所在する都道府県が異なる場合は、派遣先事業所が所在する都道府県の現物給与の価額を適用することとされている。なお、健康保険組合は、規約で別段の定めをすることができる。

D 70歳以上の被保険者が保険医療機関等のうち、自己の選定するものから、一部負担金の割合が記載されていない資格確認書を提出し、被保険者であることの確認を受けて療養の給付を受ける場合には、高齢受給者証も提出しなければならない。

E 保険外併用療養費の支給対象となる先進医療の実施に当たっては、先進医療ごとに、保険医療機関が別に厚生労働大臣が定める施設基準に適合していることを地方厚生局長又は地方厚生支局長に届け出るものとされている。

〔問２〕 健康保険法に関する次の記述のうち、正しいものはどれか。

A 被保険者が67歳で標準報酬月額が53万円であるとき、被保険者の72歳の被扶養者に係る家族療養費の給付割合は100分の80となる。

B 被保険者の配偶者で届出はしていないが事実上の婚姻関係と同様の事情にあ

る者の子で、被保険者と同一世帯に属していないが、日本国内に住所を有し、主として被保険者により生計を維持している者は被扶養者として認められる。

C 在宅療養している被扶養者が、保険医療機関等の看護師により療養上の管理や療養に伴う世話その他の看護を受けたときは、当該訪問による看護に要した費用について、家族訪問看護療養費が支給される。

D 被保険者が死亡した場合において、当該被保険者により生計を維持していた従兄弟が埋葬を行ったときには、当該従兄弟に対して、埋葬料の金額の範囲内でその埋葬に要した費用に相当する金額が支給される。

E 引き続き1年以上被保険者（任意継続被保険者、特例退職被保険者又は共済組合の組合員である被保険者を除く。）であった者であっても、任意適用事業所の取消の認可を受けたため被保険者の資格を喪失した場合には、資格喪失後の傷病手当金の継続給付を受けることはできない。

〔問3〕 健康保険法に関する次の記述のうち、正しいものはいくつあるか。

ア 転居に伴う通勤手当の支給により固定的賃金に変動があった月以後の継続した3カ月間の報酬の平均から算出した標準報酬月額（以下「通常の随時改定の計算方法により算出した標準報酬月額」という。）と、昇給月以後の継続した3カ月の間に受けた固定的賃金の月平均額に昇給月前の継続した9カ月及び昇給月以後の継続した3カ月の間に受けた非固定的賃金の月平均額を加えた額から算出した標準報酬月額（以下「年間平均額から算出した標準報酬月額」という。）との間に2等級以上の差があり、現在の標準報酬月額と年間平均額から算出した標準報酬月額との間に1等級以上の差がある場合は、保険者算定の対象とすることができる。

イ 被保険者が令和7年7月1日から7月10日まで1回目の育児休業等をし、さらに令和7年7月21日から7月24日まで2回目の育児休業等をした場合、令和7年7月の標準報酬月額に係る保険料は徴収されない。なお、当該育児休業等は出生時育児休業ではないものとする。

ウ 保険者等は標準報酬月額を決定又は改定したときは、その旨を被保険者に通知しなければならない。

エ 保険者は、被保険者の被扶養者が、正当な理由なしに療養に関する指示に従わないときは、当該被扶養者に係る保険給付の一部を行わないことができる。

オ 標準報酬月額の定時決定等における報酬支払基礎日数の取扱いとして、月給者で欠勤日数分に応じ給与が差し引かれる場合にあっては、その月における暦日の数から当該欠勤日数を控除した日数を報酬支払基礎日数とする。

A 一つ
B 二つ
C 三つ
D 四つ
E 五つ

〔問4〕 健康保険法に関する次の記述のうち、誤っているものはどれか。

A 偽りその他不正の行為によって保険給付を受けた者があるときは、保険者は、その者からその給付の価額の全部又は一部を徴収することができるとされているが、その場合の「全部又は一部」とは、偽りその他不正の行為によって受けた分が保険給付の一部であることが考えられるので、全部又は一部とされたものであって、偽りその他不正の行為によって受けた分はすべて徴収することができるという趣旨である。

B 解雇の効力につき係争中の場合において、解雇無効の効力が発生するまでの間、資格喪失の取扱のため自費で診療を受けていた者に対しては、療養の給付をなすことが困難であったものとして、その診療に要した費用は療養費として支給し、その他現金給付についても遡って支給すると共に保険料もこれを徴収することとされている。

C 日雇特例被保険者が第三者行為によって負傷し、直ちに加害者から治療費の支払を受けたため、健康保険法による療養の給付を受けなかった場合は、傷病手当金は支給されない。

D 全国健康保険協会管掌健康保険の事業所であるA社で、7月に300万円の賞与が支給され、7月の標準賞与額が300万円と決定された被保険者が、9月に健康保険組合管掌健康保険の事業所へ転職し、賞与が12月に200万円、翌年3月に200万円であった場合、当該被保険者の標準賞与額は、12月200万円、3月73万円となる。

E 加害者が不明のひき逃げ等の場合には、被害者の加入する医療保険の保険者が給付を行ったとしても、その保険者は求償する相手先がないケースが生じ得るが、医療保険の保険者は、求償する相手先がないことを理由として医療保険の給付を行わないということはできない。

〔問5〕 健康保険法に関する次の記述のうち、誤っているものはどれか。

A 適用事業所に使用されるに至った日とは、事実上の使用関係の発生した日であり、この事実上の使用関係が発生した日は、労務の提供、報酬の支払い等の

有無により総合的に判断されるため、雇用契約が締結された日と被保険者資格を取得する日とは一致しないことがある。

B　保険者は、申請者（任意継続被保険者を除く。）に資格確認書を交付しようとするときは、これを事業主に送付しなければならない。ただし、保険者が支障がないと認めるときは、資格確認書を申請者に送付することができる。

C　夫婦共同扶養の場合における被扶養者の認定について、夫婦とも健康保険の被保険者の場合には、被扶養者とすべき者の員数にかかわらず、被保険者の年間収入（過去の収入、現時点の収入、将来の収入等から今後1年間の収入を見込んだものとする。）が多い方の被扶養者とするが、夫婦双方の年間収入の差額が年間収入の多い方の1割以内である場合は、被扶養者の地位の安定を図るため、届出により、主として生計を維持する者の被扶養者とすることとされている。

D　健康保険事業の収支が均衡しない健康保険組合であって、政令で定める要件に該当するものとして厚生労働大臣の指定を受けたものは、その財政の健全化に関する計画（以下「健全化計画」という。）を定め、厚生労働大臣の承認を受けなければならないが、健全化計画は、厚生労働大臣の指定の日の属する年度の翌年度を初年度とする3カ年間の計画とされている。

E　育児休業等をしている被保険者が使用される事業所の事業主が、厚生労働省令で定めるところにより保険者等に申出をしたときは、令和7年7月16日から令和7年8月15日まで育児休業等をしている被保険者に対して、令和7年7月20日に賞与が支給された場合、当該賞与に係る保険料は徴収されない。

〔問6〕　健康保険法に関する次の記述のうち、正しいものはどれか。

A　前々月の標準報酬月額に係る保険料を事業主が納付した場合、事業主は被保険者に対して通貨をもって支払う報酬から被保険者の負担すべき前月及び前々月の標準報酬月額に係る保険料を控除することができる。

B　承認健康保険組合は介護保険第2号被保険者である被保険者（特定被保険者を含む。）に関する保険料額を一般保険料額と特別介護保険料額との合算額とすることができるが、この場合の特別介護保険料額の算定方法は、政令で定める基準に従い、各年度における当該承認健康保険組合の特別介護保険料額の総額と当該承認健康保険組合が納付すべき介護納付金の額とが等しくなるように規約で定めなければならない。

C　保険医又は保険薬剤師の登録は、登録の日から起算して6年を経過したときは、その効力を失う。

D　患者申出療養に係る申出は、厚生労働大臣が定めるところにより、厚生労働大臣に対し、当該申出に係る療養を行う医療法に規定する特定機能病院（保険医療機関であるものに限る。）の開設者の意見書その他必要な書類を添えて行うものとされている。

E　保険医療機関として指定を受けた病院であっても、健康保険組合が開設した病院は、診療の対象者をその組合員である被保険者及び被扶養者のみに限定することができる。

〔問７〕　健康保険法に関する次の記述のうち、正しいものはどれか。

A　引き続き１年以上被保険者（任意継続被保険者、特例退職被保険者又は共済組合の組合員である被保険者を除く。）であった者が、その被保険者の資格を喪失し、国民健康保険組合（規約で出産育児一時金の支給を行うこととしている。）の被保険者となっている場合には、健康保険法の被保険者資格喪失後６カ月以内に出産し、その者が健康保険法の規定に基づく出産育児一時金の支給を受ける旨の意思表示をしたときでも、健康保険法の規定に基づく出産育児一時金の支給を受けることはできない。

B　指定訪問看護を受けようとする者は、厚生労働省令で定めるところにより、主治の医師が指定する指定訪問看護事業者から、電子資格確認等により、被保険者であることの確認を受け、当該指定訪問看護を受けるものとされている。

C　４月に任意継続被保険者の資格を取得したときは、４月から９月までの６カ月間又は４月から翌年３月までの12カ月間について、保険料を前納することができる。

D　指定訪問看護事業者は、当該指定訪問看護の事業を廃止し、休止し、若しくは再開しようとするときは、厚生労働省令で定めるところにより、１カ月前までに、その旨を厚生労働大臣に届け出なければならない。

E　任意継続被保険者が、令和７年３月28日に任意継続被保険者でなくなることを希望する旨を保険者に申し出て、４月１日にその申出が受理された場合には、５月１日に任意継続被保険者の資格を喪失するが、４月分の保険料を４月10日までに納付しなかったときは、４月11日に任意継続被保険者の資格を喪失する。

〔問８〕　健康保険法に関する次の記述のうち、正しいものはどれか。

A　同一の月に同一の保険医療機関において内科及び歯科をそれぞれ通院で受診したとき、高額療養費の算定上、同一の保険医療機関とみなされる。

B　適用事業所に使用される被保険者であって傷病手当金の支給を受けることが

できる者が、老齢退職年金給付の支給を受けることができるときは、傷病手当金は支給されないが、厚生労働省令で定めるところにより算定した老齢退職年金給付の額が傷病手当金の額に満たないときに限り、その差額が傷病手当金として支給される。

C　保険者等は、被保険者が使用される事業所が任意適用事業所の取消の認可を受け、適用事業所でなくなった場合は、納期を繰り上げて保険料を徴収することができる。

D　一時帰休に伴う随時改定は、低額な休業手当等の支払いが継続して３カ月を超える場合に行うことになるが、この場合の３カ月は暦日ではなく、月単位で計算する。例えば、月末締め月末払いの事業所において一時帰休の開始日を２月10日とした場合は、５月１日をもって「３カ月を超える場合」に該当し、２月・３月・４月（いずれの月も支払基礎日数が17日以上であるものとする。）の報酬を平均して２等級以上の差が生じていれば、５月から標準報酬月額が改定される。

E　特定適用事業所に使用される短時間労働者の被保険者資格の取得の要件の１つである「１週間の所定労働時間が20時間以上であること」の算定において、同時に２カ所以上の事業所で勤務している者については、２カ所以上の事業所における労働時間数を合算して算定することとされている。なお、短時間労働者とは、１週間の所定労働時間が同一の事業所に使用される通常の労働者の１週間の所定労働時間の４分の３未満である者又は１カ月間の所定労働日数が同一の事業所に使用される通常の労働者の１カ月間の所定労働日数の４分の３未満である者のことをいう。

〔問９〕　健康保険法に関する次の記述のうち、正しいものはどれか。

A　被保険者が道路交通法規違反によって処罰されるべき行為中に起こした事故により死亡した場合、健康保険法第116条に規定する故意に給付事由を生じさせたときに該当するため、埋葬料は支給されない。

B　全国健康保険協会は、被保険者が介護保険第２号被保険者でない場合であっても、当該被保険者に介護保険第２号被保険者である被扶養者がある場合には、規約により、当該被保険者（特定被保険者）に介護保険料額の負担を求めることができる。

C　介護保険第２号被保険者である被保険者が介護保険第２号被保険者に該当しなくなった場合においては、その月分の保険料は、一般保険料額とされるが、介護保険第２号被保険者に該当しなくなった月に再び介護保険第２号被保険者

に該当したときは、その月分の保険料は、一般保険料額と介護保険料額との合算額となる。

D　保険料納付義務者が保険料を滞納するときは、保険者等は督促状によって督促しなければならないが、納付義務者が破産手続開始の決定を受けた場合には、納期限を経過している保険料であっても督促状を発することを要しない。

E　被保険者の資格を取得した月に、その資格を喪失した場合は、その月について１カ月分の保険料が徴収されることになるが、資格の得喪が２回以上に及ぶときであっても、１カ月について、２回以上保険料が徴収されることはない。

〔問10〕　傷病手当金に関する次のアからオの記述のうち、誤っているものの組合せは、後記ＡからＥまでのうちどれか。

ア　療養のために被保険者が20日間の休暇をとったが、最初の10日間が年次有給休暇（残りの10日間は報酬の支払いはない。）だった場合には、年次有給休暇が終了した日の翌日から傷病手当金の支給が開始される。

イ　傷病手当金の支給を受けている期間に別の疾病又は負傷及びこれにより発した疾病につき傷病手当金の支給を受けることができるときは、それぞれの疾病又は負傷及びこれにより発した疾病に係る傷病手当金について算定される額のいずれか少ない額を支給する。

ウ　報酬、障害年金又は出産手当金等との併給調整により、傷病手当金が不支給とされた期間は、支給期間は減少しない。

エ　３歳に満たない子を養育する被保険者が、厚生年金保険法第26条に基づく標準報酬月額の特例の申出を行い、従前標準報酬月額が同法第43条第１項に規定する平均標準報酬額の計算の基礎とされた場合、健康保険法の傷病手当金に係る12カ月間の各月の標準報酬月額を平均した額の30分の１に相当する額は、当該従前標準報酬月額に基づいて算出する。

オ　被保険者がその本来の職場における労務に就くことが不可能な場合であっても、現に職場転換その他の措置により就労可能な程度の他の比較的軽微な労務に服し、これによって相当額の報酬を得ているような場合には、労務不能とは認められないため傷病手当金は支給されない。

A　（アとイ）　　　　　B　（アとウ）　　　　C　（イとエ）
D　（ウとオ）　　　　　E　（エとオ）

[解説付] 完全模擬問題　社労士Ⅴ　49

厚生年金保険法

〔問1〕 厚生年金保険法に関する次の記述のうち、正しいものはどれか。

A 適用事業所に使用される高齢任意加入被保険者が、保険料（初めて納付すべき保険料を除く。）を滞納し、厚生労働大臣が指定した期限までにその保険料を納付しないときは、厚生年金保険法第83条第1項に規定する当該保険料の納付期限の属する月の翌月の初日に、その被保険者の資格を喪失する。なお、当該被保険者の事業主は、保険料の半額を負担し、かつ、当該被保険者及び自己の負担する保険料を納付する義務を負うことについて同意していないものとする。

B 特別支給の老齢厚生年金の受給権者（第1号厚生年金被保険者期間のみを有する者とする。）が65歳に達し、65歳から支給される老齢厚生年金を受けようとする場合は、新たに老齢厚生年金に係る裁定の請求書を日本年金機構に提出する必要はない。

C 障害等級2級の障害厚生年金及び障害基礎年金の受給権者が、自営業を営み、国民年金法の第1号被保険者となっているときに、仕事中の事故で新たに障害等級2級に該当する程度の障害の状態に至ったため、更に障害基礎年金を支給すべき事由が生じた場合においては、前後の障害を併合した障害の程度が障害等級1級と認定されると、新たに障害等級1級の障害基礎年金の受給権が発生するとともに、障害厚生年金の額も改定される。

D 昭和38年4月2日の生まれの男性で、老齢厚生年金の支給繰上げの請求を行い、その支給を受けている場合は、いわゆる在職定時改定および退職改定の規定が適用されることはない。

E 保険料が免除される産前産後休業期間中に賞与を支給した場合には、事業主は、賞与額の届出を行う必要はない。

〔問2〕 厚生年金保険法に関する次の記述のうち、正しいものはどれか。

A 受給権者が65歳に達している場合であっても、遺族厚生年金と国民年金の障害基礎年金が併給されることはない。

B 厚生年金保険法第47条の3に規定するいわゆる基準障害による障害厚生年金は、受給権が発生している限り、その裁定請求は65歳以後であっても行うことができるが、その支給は、裁定請求があった月の翌月から開始される。

C 障害認定日において、2以上の種別の被保険者であった期間を有する者に係る障害厚生年金の支給に関する事務は、当該認定日における被保険者の種別に

応じて、実施機関が行う。

D　遺族厚生年金は、障害等級3級に該当する程度の障害の状態にある障害厚生年金の受給権者が死亡したときにも、一定の要件を満たすその者の遺族に支給されるが、その支給要件において、その死亡した者について保険料納付要件を満たすかどうかは問われない。

E　高齢任意加入被保険者の資格の取得について同意をした適用事業所以外の事業所の事業主は、厚生労働大臣の認可を得て、将来に向かって当該同意を撤回することができる。

〔問3〕　厚生年金保険法に関する次の記述のうち、誤っているものはどれか。

A　厚生年金保険の強制適用事業所であった個人事業所において、常時使用する従業員が5人未満となり、強制適用の要件に該当しなくなったときは、その事業所について任意適用事業所の認可があったものとみなされ、任意適用の申請をしなくても引き続き適用事業所とされ、被保険者の資格も存続する。

B　障害等級3級の障害厚生年金の受給権者であった者が、64歳の時点で障害等級に該当する程度の障害の状態に該当しなくなったために支給が停止された。その者が障害等級に該当する程度の障害の状態に該当しないまま65歳に達したとしても、その時点では当該障害厚生年金の受給権は消滅しない。

C　配偶者以外の者に遺族厚生年金を支給する場合において、受給権者が2人以上であるときは、それぞれの遺族厚生年金の額は、死亡した者の被保険者期間を基礎として厚生年金保険法第43条第1項の規定の例により計算された老齢厚生年金の額の4分の3に相当する額を受給権者の数で除して得た額となる。

D　在職老齢年金の仕組みにより支給停止が行われている特別支給の老齢厚生年金の受給権を有している64歳の者が、雇用保険法に基づく高年齢雇用継続基本給付金を受給した場合、当該高年齢雇用継続基本給付金の受給期間中は、当該特別支給の老齢厚生年金には、在職による支給停止基準額に加えて、最大で当該受給権者に係る標準報酬月額の6％相当額が支給停止される。

E　遺族厚生年金（その受給権者が65歳に達しているものに限る。）は、その受給権者が老齢厚生年金の受給権を有するときは、当該老齢厚生年金の額（加給年金額が加算されている場合は、その額を除く。）に相当する部分の支給を停止し、老齢厚生年金は、その全額を支給する。

〔問4〕　老齢厚生年金に関する次の記述のうち、正しいものはいくつあるか。

ア　2以上の種別の被保険者であった期間を有する者の厚生年金保険法第42条の

老齢厚生年金の支給要件の判定については、各号の厚生年金被保険者期間ごとに行う。また、支給事務は各号の厚生年金被保険者期間ごとに各実施機関が行う。

イ　老齢厚生年金と障害基礎年金の支給を併せて受けている者が子を有する場合において、障害基礎年金にその子を対象とする加算が行われているときは、当該子について加算する加給年金額に相当する部分の支給は停止される。

ウ　老齢厚生年金の受給権者がその権利を取得した当時その者によって生計を維持していた子が18歳に達した日以後の最初の3月31日が終了したため、子に係る加給年金額が加算されなくなったが、その後、その子が20歳に達する日前までに障害等級1級又は2級に該当する程度の障害の状態となった場合には、その子に係る加給年金額が再度加算される。

エ　在職老齢年金を受給する者の標準報酬月額等に変更が生じ、支給停止額が変更されたときは、変更があった月の翌月から、在職老齢年金の額が改定される。

オ　在職中の老齢厚生年金の支給停止の際に用いる総報酬月額相当額とは、被保険者である日の属する月において、その者の標準報酬月額とその月以前の1年間の標準賞与額の総額を12で除して得た額とを合算して得た額のことをいい、また、基本月額とは、老齢厚生年金の額（その者に加給年金額、繰下げ加算額及び経過的加算額が加算されているときはその額を除いた額）を12で除して得た額のことをいう。

A　一つ
B　二つ
C　三つ
D　四つ
E　五つ

〔問5〕　遺族厚生年金に関する次のアからオの記述のうち、誤っているものの組合せは、後記AからEまでのうちどれか。

ア　第1号厚生年金被保険者期間が15年、第3号厚生年金被保険者期間が18年ある老齢厚生年金の受給権者が死亡したことにより支給される遺族厚生年金は、それぞれの被保険者期間に応じてそれぞれの実施機関から支給される。

イ　国外に居住する障害等級1級の障害厚生年金の受給権者が死亡した当時、国民年金の被保険者ではなく、また、保険料納付済期間と保険料免除期間とを合算した期間が25年に満たなかった場合に、この者によって生計を維持していた遺族が5歳の子1人であったときは、その子には遺族基礎年金は支給されない

が、その子に支給される遺族厚生年金の額には遺族基礎年金の額に相当する額が加算される。

ウ 被保険者であった40歳の夫が死亡した当時、当該夫により生計を維持していた子のない39歳の妻には遺族厚生年金は支給され、中高齢寡婦加算も支給されるが、一方で、被保険者であった40歳の妻が死亡した当時、当該妻により生計を維持していた子のない39歳の夫には遺族厚生年金は支給されない。

エ 老齢厚生年金の受給権者（その計算の基礎となる被保険者期間の月数は240カ月以上であり、かつ、保険料納付済期間と保険料免除期間とを合算した期間が25年以上である者）が死亡したことによりその妻（昭和31年4月1日生まれ）に支給される遺族厚生年金は、その権利を取得した当時、妻が65歳以上であっても、経過的寡婦加算が加算される。なお、当該妻は障害基礎年金及び遺族基礎年金の受給権を有しないものとする。

オ 被保険者である夫の死亡による遺族厚生年金の受給権を取得したときに40歳未満の妻は、当該夫の死亡による遺族基礎年金の受給権を取得していなくても、40歳に達したときから中高齢寡婦加算が加算されることがある。

A （アとイ）　　　　　B （アとウ）　　　　　C （イとエ）
D （ウとオ）　　　　　E （エとオ）

〔問6〕 厚生年金保険法に関する次の記述のうち、正しいものはどれか。

A 9月4日に出産した被保険者について、その年の定時決定により標準報酬月額が280,000円から240,000円に改定され、産後休業終了後は引き続き育児休業を取得した。職場復帰後は育児休業等終了時改定に該当し、標準報酬月額は180,000円に改定された。この被保険者が、出産日から継続して子を養育しており、厚生年金保険法第26条に規定する養育期間標準報酬月額特例の申出をする場合の従前標準報酬月額は280,000円である。

B 厚生年金保険法第12条の適用除外の規定に該当する者であっても、厚生労働大臣の認可を受けるなどして、任意単独被保険者や高齢任意加入被保険者となることができる場合がある。

C 2つの種別の厚生年金保険の被保険者期間を有する者が、老齢厚生年金の支給繰下げの申出を行う場合、両種別の被保険者期間に基づく老齢厚生年金の繰下げについて、申出は同時に行う必要はない。

D 障害厚生年金の受給権を取得した当時は障害等級2級に該当したが、現在は障害等級3級である受給権者に対して、新たに障害等級2級の障害厚生年金を支給すべき事由が生じたときは、厚生年金保険法第48条第1項に規定する、い

[解説付] 完全模擬問題　社労士Ｖ｜53

わゆる併合認定は行われない。

E　障害厚生年金の受給権者が、その受給権を取得した日の翌日以後にその者によって生計を維持しているその者の65歳未満の配偶者を有するに至ったときであっても、当該配偶者に係る加給年金額が加算されることはない。

〔問7〕　厚生年金保険法に関する次の記述のうち、誤っているものはどれか。

A　契約時において、2月以内の期間を定めて臨時に使用された者で、当該定めた期間を超えて使用されることが見込まれなかったため適用除外の規定に該当したものが、契約後、契約の更新により当該定めた期間を超えて使用されることが見込まれることとなった場合には、その見込まれることとなった日に、被保険者の資格を取得する。

B　第1号厚生年金被保険者に係る適用事業所の事業主は、被保険者が70歳に到達し、引き続き当該事業所に使用される場合（当該者の標準報酬月額に相当する額が70歳以上の使用される者の要件に該当するに至った日の前日における標準報酬月額と同額である場合を除く。）、被保険者の資格喪失の届出にあわせて70歳以上の使用される者の該当の届出をしなければならない。

C　特別支給の老齢厚生年金の支給を受けていた者であっても、厚生年金保険法第44条の3第1項の老齢厚生年金の支給繰下げの申出を行うことができる。

D　育児休業等期間中の第1号厚生年金被保険者に係る保険料の免除の規定については、任意単独被保険者及び高齢任意加入被保険者はその対象にはならない。

E　遺族厚生年金を受けることができる遺族のうち、夫については、被保険者又は被保険者であった者の死亡の当時その者によって生計を維持していた者で、55歳以上であることが要件とされており、また、60歳に達するまでの間はその支給が停止されることとされているが、国民年金法による遺族基礎年金の受給権を有するときは、60歳に達するまでの間の支給停止は行われない。

〔問8〕　厚生年金保険法に関する次の記述のうち、誤っているものはどれか。

A　財政の現況及び見通しにおける財政均衡期間は、財政の現況及び見通しが作成される年以降おおむね100年間とされている。

B　厚生労働大臣は、個人番号利用事務を適切かつ円滑に処理するため、第1号厚生年金被保険者に係る事業主に対し、第1号厚生年金被保険者に係る個人番号その他の事項について情報の提供を求めることができる。

C　老齢厚生年金を受ける権利は、国税滞納処分（その例による処分を含む。）により差し押さえることができるが、老齢厚生年金として支給を受けた金銭を

標準として、租税その他の公課は、課することができない。

D　いわゆる離婚時の年金分割において、離婚が成立した日の翌日から起算して2年を経過した日以後に請求すべき按分割合を定めた審判が確定した場合（離婚が成立した日の翌日から起算して2年を経過した日前に請求すべき按分割合に関する審判の申立てがあったときに限る。）には、請求すべき按分割合を定めた審判が確定した日の翌日から起算して6月を経過するまでは、標準報酬改定請求をすることができる。

E　老齢基礎年金の受給資格期間を満たしている場合であっても、1年以上の厚生年金保険の被保険者期間を有していない場合には、特別支給の老齢厚生年金の受給権は生じない。

〔問9〕　厚生年金保険法に関する次の記述のうち、正しいものはどれか。

A　任意適用事業所が、厚生労働大臣の認可により適用事業所となったときは、その事業所に使用される70歳未満の者（適用除外の規定に該当する者を除く。）は、被保険者の資格を取得するが、厚生年金保険法の適用を受けることについて不同意であった者は、厚生労働大臣の承認を受けて、被保険者とならないことができる。

B　老齢厚生年金に配偶者の加給年金額が加算されるためには、老齢厚生年金の年金額の計算の基礎となる被保険者期間の月数が240以上という要件があるが、当該被保険者期間には、離婚時みなし被保険者期間を含めることができる。

C　障害等級2級の障害厚生年金の額は、老齢厚生年金の例により計算した額となるが、被保険者期間については、障害認定日の属する月の前月までの被保険者期間を基礎とし、計算の基礎となる月数が300に満たないときは、これを300とする。

D　遺族厚生年金と同一の支給事由に基づく遺族基礎年金の受給権を有する妻について、30歳に達する日前に当該遺族基礎年金の受給権が消滅したときは、当該遺族基礎年金の受給権が消滅した日から起算して3年を経過したときに、遺族厚生年金の受給権も消滅する。

E　障害等級3級の障害厚生年金には、配偶者についての加給年金額が加算されないが、最低保障額として、障害等級2級の障害基礎年金の年金額の4分の3に相当する額が保障されている。

〔問10〕 厚生年金保険法に関する次のアからオの記述のうち、誤っているものの組合せは、後記AからEまでのうちどれか。

ア 常時5人以上の従業員を使用する、個人経営の青果商の事業主は、その事業所を適用事業所とするためには任意適用事業所の認可を受けなければならない。

イ 障害手当金の給付を受ける権利は、その支給すべき事由が生じた日から2年を経過したときは、時効によって消滅する。

ウ 実施機関は、厚生年金保険制度に対する国民の理解を増進させ、及びその信頼を向上させるため、主務省令で定めるところにより、被保険者に対し、当該被保険者の保険料納付の実績及び将来の給付に関する必要な情報を分かりやすい形で通知するものとされている。

エ 事業主が、正当な理由がなくて保険料の納付義務に違反して、督促状に指定する期限までに、その使用する被保険者及び自己の負担する保険料を納付しないときは、6月以下の懲役又は50万円以下の罰金に処せられる。

オ 特別支給の老齢厚生年金は、その受給権者が雇用保険法の規定による基本手当の受給資格を有する場合であっても、当該受給権者が同法の規定による求職の申込みをしないときは、基本手当との調整の仕組みによる支給停止は行われない。

A （アとイ）　　　　B （アとウ）　　　　C （イとエ）
D （ウとオ）　　　　E （エとオ）

国民年金法

〔問1〕 障害基礎年金に関する次の記述のうち、正しいものはどれか。

A 施行日（平成6年11月9日）前に国民年金法による障害基礎年金（法第30条の4の規定による障害基礎年金を除く。）の受給権を有していたことがある者（施行日において当該障害基礎年金の受給権を有する者を除く。）が、当該障害基礎年金の支給事由となった傷病により、施行日の翌日から65歳に達する日の前日までの間において、障害等級に該当した場合は、施行日の翌日から65歳に達する日の前日までの間に、国民年金法第30条の4の障害基礎年金の支給を請求することができる。

B 初診日において19歳の第2号被保険者であった者で、その障害認定日において、障害等級に該当する程度の障害の状態であるときは、国民年金法第30条の4の障害基礎年金を支給する。

C 初診日において被保険者であった者で、障害認定日において障害等級に該当する程度の障害の状態であっても、障害認定日に65歳に達している場合には、障害基礎年金は支給されない。

D 初診日において65歳未満である者は、当該初診日が令和8年4月1日前にある傷病による障害について、初診日の前日において、当該初診日の属する月の前々月までに被保険者期間があり、当該初診日の属する月の前々月までの1年間のうちに保険料納付済期間及び保険料免除期間（国民年金法第90条の3第1項の学生納付特例の規定により納付することを要しないものとされた保険料に係るものを除く。）以外の被保険者期間がない場合は、保険料納付要件を満たす特例がある。

E 繰上げ支給の老齢基礎年金の受給権者であって、障害認定日において障害等級に該当する程度の障害の状態になかった者が、同日後65歳に達する日の前日までに障害等級に該当したときであっても、障害基礎年金は支給されない。

〔問2〕 国民年金法に関する次の記述のうち、正しいものはどれか。

A 令和12年6月までの期間において、50歳に達する日の属する月の前月までの被保険者期間がある第1号被保険者等は、納付猶予制度による保険料免除の申請をすることができるが、この場合の保険料免除の適否は、当該第1号被保険者等及びその者の配偶者の前年（1月から6月までの月分の保険料については前々年）の所得状況により判断される。

B 保険料の額は、各年度に属する月の月分として定められている金額に保険料

[解説付] 完全模擬問題 社労士Ⅴ | 57

改定率を乗じて得た額（その額に50円未満の端数が生じたときは、これを切り捨て、50円以上100円未満の端数が生じたときは、これを100円に切り上げるものとする。）とされている。

C　被保険者は、将来の一定期間の保険料を前納することができるが、この場合、付加保険料については、口座振替による納付方法でなければ合わせて前納することはできない。

D　国民年金法第96条1項の規定によって督促をしたときは、厚生労働大臣は、原則として、徴収金額に、納期限の翌日から徴収金完納又は財産差押の日の前日までの期間の日数に応じ、年14.6％（当該督促が保険料に係るものであるときは、当該納期限の翌日から3月を経過する日までの期間については、年7.3％）の割合を乗じて計算した延滞金を徴収するが、当該延滞金を計算するに当たり、徴収金額に1,000円未満の端数があるときは、その端数は、切り捨てるものとされている。

E　国民年金基金は、中途脱退者及び解散基金加入員に係る年金及び一時金の支給を共同して行うため、国民年金基金連合会を設立することができるが、この場合、その会員となろうとする5以上の基金が発起人とならなければならない。

〔問3〕　任意加入被保険者に関する次の記述のうち、誤っているものはいくつあるか。

ア　任意加入被保険者（昭和41年4月1日以前に生まれた者に限る。）が65歳に達した場合において、老齢基礎年金その他の老齢又は退職を支給事由とする給付の受給権を有しないときは、引き続き特例による任意加入被保険者となる申出があったものとみなす。

イ　日本国内に住所を有する60歳以上65歳未満の者（国民年金法の適用を除外すべき特別の理由がある者として厚生労働省令で定める者を除く。）であって、厚生年金保険法に基づく老齢給付等を受けることができる者は、任意加入被保険者となることはできない。

ウ　日本国内に住所を有しない任意加入被保険者が保険料を滞納し、督促の規定による指定期限までに保険料を納付しないときは、納期限の翌日に資格を喪失する。

エ　40歳の在外邦人である任意加入被保険者が、日本国内に住所を有するに至ったときは、その日の翌日に、任意加入被保険者の資格を喪失する。

オ　特例による任意加入被保険者には、保険料の免除の規定（産前産後期間免除を含む。）、寡婦年金、死亡一時金、付加保険料に関する規定は適用されない。

A　一つ

B　二つ
　C　三つ
　D　四つ
　E　五つ

〔問４〕　国民年金法に関する次の記述のうち、誤っているものはどれか。

　　A　年金給付を受ける権利を裁定する場合又は年金給付の額を改定する場合において、年金給付の額に50銭未満の端数が生じたときは、これを切り捨て、50銭以上１円未満の端数が生じたときは、これを１円に切り上げるものとされている。

　　B　障害基礎年金又は遺族基礎年金を減額して改定すべき事由が生じたにもかかわらず、その事由が生じた日の属する月の翌月以降の分として減額しない額の障害基礎年金又は遺族基礎年金が支払われたときは、その支払われた障害基礎年金又は遺族基礎年金の当該減額すべきであった部分は、その後に支払うべき年金の内払とみなす。

　　C　第３号被保険者に係る主として第２号被保険者の収入により生計を維持することの認定は、健康保険法、国家公務員共済組合法、地方公務員等共済組合法及び私立学校教職員共済法における被扶養者の認定の取扱いを勘案して日本年金機構が行う。

　　D　第１号被保険者であった者が第２号被保険者の被扶養配偶者となったときは、当該事実があった日から14日以内に、一定の事項を記載した届書を日本年金機構に提出しなければならない。

　　E　年金給付の受給権者が死亡した場合において、その死亡した者に支給すべき年金給付でまだその者に支給しなかったものがあるときは、その者の配偶者、子、父母、孫、祖父母、兄弟姉妹又はこれらの者以外の三親等内の親族であって、その者の死亡の当時その者と生計を同じくしていたものは、自己の名で、その未支給の年金の支給を請求することができるが、遺族基礎年金の受給権者が死亡した場合において、当該遺族基礎年金の支給要件となっていた被保険者の子が、当該受給権者の実子又は養子でないときでも、当該子は未支給の遺族基礎年金の支給を請求することができる。

〔問５〕　国民年金法に関する次の記述のうち、正しいものはどれか。

　　A　昭和35年４月１日生まれの老齢基礎年金の受給権者が満額の老齢基礎年金を受給する場合は、所定の要件を満たしていても当該老齢基礎年金に振替加算が

行われることはない。なお、この者は厚生年金保険の被保険者期間を有しない
ものとする。

B　老齢基礎年金の支給繰下げの申出をすることができる令和7年4月11日時点
で72歳である者が、当該老齢基礎年金を請求し、かつ、当該請求の際に繰下げ
の申出をしないときは、本来の老齢基礎年金の額の規定によって計算した額に
増額率を乗じて得た額は加算されず、本来の老齢基礎年金の額の規定によって
計算された老齢基礎年金がさかのぼって支給される。なお、上記の者は、当該
請求をした日の5年前の日以前に他の年金たる給付（付加年金及び厚生年金保
険法による老齢を支給事由とする年金たる保険給付を除く。）の受給権者では
なかったものとする。

C　令和7年4月11日に老齢基礎年金の受給権を取得した者が、令和10年8月27
日に老齢基礎年金の支給繰下げの申出をした場合は、本来の老齢基礎年金の額
の規定によって計算した額に、その額に増額率を乗じて得た額を加算した額が
支給されるが、当該増額率は28.7％となる。

D　第1号被保険者であった間に付加保険料の納付済期間を3年、任意加入被保
険者であった間に付加保険料の納付済期間を5年有する者が、65歳で老齢基礎
年金の受給権を取得したときは、年額38,400円の付加年金が併せて支給される。

E　令和7年4月11日に死亡した者に係る寡婦年金の額は、令和7年3月までの
第1号被保険者としての被保険者期間に係る死亡日の前日における保険料納付
済期間及び保険料免除期間につき、老齢基礎年金の額の計算の例によって計算
した額の4分の3に相当する額とされるが、死亡した夫が3年（36カ月）以上
付加保険料を納めていた場合であっても、寡婦年金の額について加算はない。

〔問6〕　障害基礎年金に関する次の記述のうち、正しいものはどれか。

A　障害基礎年金の障害認定日は、傷病の発病日から起算して1年6月を経過し
た日又は1年6月以内に治った場合には治った日（その症状が固定し、治療の
効果が期待できない状態に至った日を含む。）をいう。

B　障害基礎年金の受給権は、障害等級に該当する程度の障害の状態に該当する
ことなく3年を経過したとき、又は障害等級に該当することなく65歳に達した
ときのいずれか遅い方の事由に該当したときに消滅する。

C　1級の障害基礎年金の額は、受給権者によって生計を維持しているその者の
65歳未満の配偶者があるときは、2級の障害基礎年金の額の100分の125に相当
する額に加算額を加算した額となる。

D　学生等の保険料納付の特例の規定により保険料を納付することを要しないも

のとされている期間中に初診日がある傷病により障害となった場合に支給される障害基礎年金は、その受給権者が少年院その他これに準ずる施設に収容されているときは、その支給が停止される。

E　63歳で障害基礎年金の受給権を取得した者の障害の程度が65歳に達した日以後において増進した場合、その者は、当該障害基礎年金の額の改定の請求をすることができる。

〔問7〕　国民年金法に関する次の記述のうち、正しいものはどれか。

A　付加年金は、老齢基礎年金と併せて支給されるものであるため、老齢基礎年金の一部繰上げが行われた場合は、付加年金についても、一部が繰り上げて支給される。

B　夫の死亡の当時、夫によって生計を維持し、夫との婚姻関係が10年以上継続していた65歳未満の妻であっても、当該夫の死亡により妻が遺族基礎年金の受給権を有していた場合には、寡婦年金は支給されることはない。

C　寡婦年金は、死亡日の前日において、死亡日の属する月の前月までの第1号被保険者としての保険料納付済期間と保険料免除期間とを合算した期間が10年以上である夫（保険料納付済期間又は学生等の保険料の納付特例の規定により納付することを要しないものとされた保険料に係る期間以外の保険料免除期間を有する者に限る。）が死亡した場合であっても、当該夫が障害基礎年金の支給を受けたことがあるときは、支給されない。

D　死亡一時金は、死亡日の前日において死亡日の属する月の前月までの第1号被保険者としての被保険者期間に係る保険料納付済期間の月数、保険料4分の1免除期間の月数の4分の3に相当する月数、保険料半額免除期間の月数の2分の1に相当する月数及び保険料4分の3免除期間の月数の4分の1に相当する月数を合算した月数が6月以上である者が死亡した場合において、その者に遺族があるときに、その遺族に支給されるが、老齢基礎年金又は障害基礎年金の支給を受けたことがある者が死亡したときは、支給されない。

E　死亡一時金は、同一人の死亡により同時に寡婦年金を受けることができるときは、支給されない。

〔問8〕　国民年金法に関する次の記述のうち、正しいものはいくつあるか。

ア　障害基礎年金の受給権者は、国民年金法第89条の規定により、必ず保険料の納付が免除される。

イ　障害等級3級の障害厚生年金の受給権者は、国民年金法第89条の規定により、

保険料の納付が免除される。

ウ　被保険者が生活保護法による介護扶助を受けるときは、国民年金法第89条の規定により、保険料の納付が免除される。

エ　地方税法に定める寡婦であって、前年の所得が135万円以下である世帯主である被保険者から、厚生労働大臣に国民年金法第90条第1項の規定による保険料免除の申請があったときは、厚生労働大臣が指定する期間に係る保険料につき、既に納付されたものを除き、保険料の納付が免除される。

オ　障害基礎年金の受給権者であることにより国民年金法第89条の規定の適用を受ける者は、同法第90条の2第2項の規定により保険料の半額免除の申請をすることができる。

A　一つ

B　二つ

C　三つ

D　四つ

E　五つ

〔問9〕　被保険者等に関する次の記述のうち、正しいものはどれか。

A　日本国内に住所を有する20歳以上60歳未満の者であって、第2号被保険者及び第3号被保険者のいずれにも該当しない者が、厚生年金保険法に基づく老齢給付等を受けることができる者でなくなったときは、その日に被保険者の資格を取得する。

B　第2号被保険者としての被保険者期間は、例外なくすべて保険料納付済期間に算入される。

C　被保険者でなかった者が第1号被保険者となった場合において、老齢基礎年金の受給資格期間を満たすことができないことが明らかな場合（保険料の滞納による場合を除く。）は、その者は、いつでも、厚生労働大臣に申し出て任意脱退をすることができる。

D　被保険者の配偶者であって主として被保険者の収入により生計を維持するもののうち20歳以上60歳未満のものは、日本国内に住所を有していなくても第3号被保険者となる。

E　昭和61年3月31日において旧厚生年金保険法の規定による障害年金の受給権を有する者は、昭和61年4月1日以後、国民年金法の規定による被保険者となることはない。

〔問10〕 国民年金法に関する次の記述のうち、正しいものはどれか。

A　免除を受けた保険料について追納をする場合の額は、原則として、免除月の翌々年に応当する月までに追納するものを除き、当該追納に係る各月の保険料の額に政令で定める一定の額を加算した額とする。

B　被保険者又は被保険者であった者は、厚生労働大臣の承認を受け、法定免除、全額申請免除、学生等の保険料の納付特例、30歳未満の保険料納付猶予制度又は30歳以上50歳未満の保険料納付猶予制度の規定により納付することを要しないものとされた保険料及び保険料4分の3免除、半額免除又は4分の1免除の規定によりその一部の額につき納付することを要しないものとされた保険料（承認の日の属する月前10年以内の期間に係るものに限る。）の全部又は一部につき追納をすることができるが、既に年金たる給付の受給権を有している者は、厚生労働大臣の承認を受け、免除を受けた保険料の追納をすることはできない。

C　保険料の追納が行われたときは、追納が行われた日に、追納に係る月の保険料が納付されたものとみなされる。

D　保険料半額免除期間及び学生等納付特例による期間を有する者が保険料の一部を追納する場合には、学生等納付特例の規定により納付することを要しないものとされた保険料から先に追納しなければならず、保険料半額免除の規定によりその半額につき納付することを要しないものとされた保険料を優先して追納することはできない。

E　保険料の追納に関する処分に不服がある者は、社会保険審査会に対して審査請求をすることができる。

2025年度版 完全模擬問題 解説付

別冊

日本法令

分売不可

社労士V

2025年度 社会保険労務士試験（選択式）模擬 解答用紙

●この解答用紙は，本試験に近い形で実践練習ができるよう，実際に社会保険労務士試験で使用される解答用紙に近い体裁で作成してありますが，大きさや仕様は異なります。

フリガナ	
氏　名	

注　意　事　項

この試験の採点は，電子計算機によって行いますから，次の指示を守ってください。
(1) 解答用紙を汚したり折り曲げたりしないこと。
(2) マークはHBの鉛筆でていねいに記入すること。

記入例
× ⊘ （不正解）
× ⊖ （はみだし）
× ● （だんご）
○ ● （良　い）

(3) 訂正するときは消しゴムで完全に消すこと。消し方が十分でないと無答扱いになります。

〈切り取り線〉

〈解　答　欄〉

問1　労働基準法及び労働安全衛生法

A ① ② ③ ④ ⑤ ⑥ ⑦ ⑧ ⑨ ⑩ ⑪ ⑫ ⑬ ⑭ ⑮ ⑯ ⑰ ⑱ ⑲ ⑳
B ① ② ③ ④ ⑤ ⑥ ⑦ ⑧ ⑨ ⑩ ⑪ ⑫ ⑬ ⑭ ⑮ ⑯ ⑰ ⑱ ⑲ ⑳
C ① ② ③ ④ ⑤ ⑥ ⑦ ⑧ ⑨ ⑩ ⑪ ⑫ ⑬ ⑭ ⑮ ⑯ ⑰ ⑱ ⑲ ⑳
D ① ② ③ ④ ⑤ ⑥ ⑦ ⑧ ⑨ ⑩ ⑪ ⑫ ⑬ ⑭ ⑮ ⑯ ⑰ ⑱ ⑲ ⑳
E ① ② ③ ④ ⑤ ⑥ ⑦ ⑧ ⑨ ⑩ ⑪ ⑫ ⑬ ⑭ ⑮ ⑯ ⑰ ⑱ ⑲ ⑳

問2　労働者災害補償保険法

A ① ② ③ ④
B ① ② ③ ④
C ① ② ③ ④
D ① ② ③ ④
E ① ② ③ ④

問3　雇　用　保　険　法

A ① ② ③ ④ ⑤ ⑥ ⑦ ⑧ ⑨ ⑩ ⑪ ⑫ ⑬ ⑭ ⑮ ⑯ ⑰ ⑱ ⑲ ⑳
B ① ② ③ ④ ⑤ ⑥ ⑦ ⑧ ⑨ ⑩ ⑪ ⑫ ⑬ ⑭ ⑮ ⑯ ⑰ ⑱ ⑲ ⑳
C ① ② ③ ④ ⑤ ⑥ ⑦ ⑧ ⑨ ⑩ ⑪ ⑫ ⑬ ⑭ ⑮ ⑯ ⑰ ⑱ ⑲ ⑳
D ① ② ③ ④ ⑤ ⑥ ⑦ ⑧ ⑨ ⑩ ⑪ ⑫ ⑬ ⑭ ⑮ ⑯ ⑰ ⑱ ⑲ ⑳
E ① ② ③ ④ ⑤ ⑥ ⑦ ⑧ ⑨ ⑩ ⑪ ⑫ ⑬ ⑭ ⑮ ⑯ ⑰ ⑱ ⑲ ⑳

問4　労務管理その他の労働に関する一般常識

A ① ② ③ ④ ⑤ ⑥ ⑦ ⑧ ⑨ ⑩ ⑪ ⑫ ⑬ ⑭ ⑮ ⑯ ⑰ ⑱ ⑲ ⑳
B ① ② ③ ④ ⑤ ⑥ ⑦ ⑧ ⑨ ⑩ ⑪ ⑫ ⑬ ⑭ ⑮ ⑯ ⑰ ⑱ ⑲ ⑳
C ① ② ③ ④ ⑤ ⑥ ⑦ ⑧ ⑨ ⑩ ⑪ ⑫ ⑬ ⑭ ⑮ ⑯ ⑰ ⑱ ⑲ ⑳
D ① ② ③ ④ ⑤ ⑥ ⑦ ⑧ ⑨ ⑩ ⑪ ⑫ ⑬ ⑭ ⑮ ⑯ ⑰ ⑱ ⑲ ⑳
E ① ② ③ ④ ⑤ ⑥ ⑦ ⑧ ⑨ ⑩ ⑪ ⑫ ⑬ ⑭ ⑮ ⑯ ⑰ ⑱ ⑲ ⑳

問5　社会保険に関する一般常識

A ① ② ③ ④ ⑤ ⑥ ⑦ ⑧ ⑨ ⑩ ⑪ ⑫ ⑬ ⑭ ⑮ ⑯ ⑰ ⑱ ⑲ ⑳
B ① ② ③ ④ ⑤ ⑥ ⑦ ⑧ ⑨ ⑩ ⑪ ⑫ ⑬ ⑭ ⑮ ⑯ ⑰ ⑱ ⑲ ⑳
C ① ② ③ ④ ⑤ ⑥ ⑦ ⑧ ⑨ ⑩ ⑪ ⑫ ⑬ ⑭ ⑮ ⑯ ⑰ ⑱ ⑲ ⑳
D ① ② ③ ④ ⑤ ⑥ ⑦ ⑧ ⑨ ⑩ ⑪ ⑫ ⑬ ⑭ ⑮ ⑯ ⑰ ⑱ ⑲ ⑳
E ① ② ③ ④ ⑤ ⑥ ⑦ ⑧ ⑨ ⑩ ⑪ ⑫ ⑬ ⑭ ⑮ ⑯ ⑰ ⑱ ⑲ ⑳

問6　健　康　保　険　法

A ① ② ③ ④ ⑤ ⑥ ⑦ ⑧ ⑨ ⑩ ⑪ ⑫ ⑬ ⑭ ⑮ ⑯ ⑰ ⑱ ⑲ ⑳
B ① ② ③ ④ ⑤ ⑥ ⑦ ⑧ ⑨ ⑩ ⑪ ⑫ ⑬ ⑭ ⑮ ⑯ ⑰ ⑱ ⑲ ⑳
C ① ② ③ ④ ⑤ ⑥ ⑦ ⑧ ⑨ ⑩ ⑪ ⑫ ⑬ ⑭ ⑮ ⑯ ⑰ ⑱ ⑲ ⑳
D ① ② ③ ④ ⑤ ⑥ ⑦ ⑧ ⑨ ⑩ ⑪ ⑫ ⑬ ⑭ ⑮ ⑯ ⑰ ⑱ ⑲ ⑳
E ① ② ③ ④ ⑤ ⑥ ⑦ ⑧ ⑨ ⑩ ⑪ ⑫ ⑬ ⑭ ⑮ ⑯ ⑰ ⑱ ⑲ ⑳

問7　厚　生　年　金　保　険　法

A ① ② ③ ④ ⑤ ⑥ ⑦ ⑧ ⑨ ⑩ ⑪ ⑫ ⑬ ⑭ ⑮ ⑯ ⑰ ⑱ ⑲ ⑳
B ① ② ③ ④ ⑤ ⑥ ⑦ ⑧ ⑨ ⑩ ⑪ ⑫ ⑬ ⑭ ⑮ ⑯ ⑰ ⑱ ⑲ ⑳
C ① ② ③ ④ ⑤ ⑥ ⑦ ⑧ ⑨ ⑩ ⑪ ⑫ ⑬ ⑭ ⑮ ⑯ ⑰ ⑱ ⑲ ⑳
D ① ② ③ ④ ⑤ ⑥ ⑦ ⑧ ⑨ ⑩ ⑪ ⑫ ⑬ ⑭ ⑮ ⑯ ⑰ ⑱ ⑲ ⑳
E ① ② ③ ④ ⑤ ⑥ ⑦ ⑧ ⑨ ⑩ ⑪ ⑫ ⑬ ⑭ ⑮ ⑯ ⑰ ⑱ ⑲ ⑳

問8　国　民　年　金　法

A ① ② ③ ④ ⑤ ⑥ ⑦ ⑧ ⑨ ⑩ ⑪ ⑫ ⑬ ⑭ ⑮ ⑯ ⑰ ⑱ ⑲ ⑳
B ① ② ③ ④ ⑤ ⑥ ⑦ ⑧ ⑨ ⑩ ⑪ ⑫ ⑬ ⑭ ⑮ ⑯ ⑰ ⑱ ⑲ ⑳
C ① ② ③ ④ ⑤ ⑥ ⑦ ⑧ ⑨ ⑩ ⑪ ⑫ ⑬ ⑭ ⑮ ⑯ ⑰ ⑱ ⑲ ⑳
D ① ② ③ ④ ⑤ ⑥ ⑦ ⑧ ⑨ ⑩ ⑪ ⑫ ⑬ ⑭ ⑮ ⑯ ⑰ ⑱ ⑲ ⑳
E ① ② ③ ④ ⑤ ⑥ ⑦ ⑧ ⑨ ⑩ ⑪ ⑫ ⑬ ⑭ ⑮ ⑯ ⑰ ⑱ ⑲ ⑳

社労士Ⅴ

2025年度 社会保険労務士試験（択一式）模擬 解答用紙

●この解答用紙は，本試験に近い形で実践練習ができるよう，実際に社会保険労務士試験で使用される解答用紙に近い体裁で作成してありますが，大きさや仕様は異なります。

フリガナ

1. 氏名

注意事項

この試験の採点は，電子計算機によって行いますから，次の指示を守ってください。
(1) 解答用紙を汚したり折り曲げたりしないこと。
(2) マークはＨＢの鉛筆でていねいに記入すること。

記入例　　×　⊘　（不正解）
　　　　　×　⊖　（はみだし）
　　　　　×　●　（だんご）
　　　　　○　●　（良い）

(3) 訂正するときは消しゴムで完全に消すこと。消し方が十分でないと無答扱いになります。

コード記入欄

2.性別	3.年齢（試験日現在）	4.職業（試験日現在）	5.受験資格区分（受験申込書に添付した証明書等の区分によること）
男 ○ 女 ○	① ① / ② ② / ③ ③ / ④ ④ / ⑤ ⑤ / ⑥ ⑥ / ⑦ ⑦ / ⑧ ⑧ / ⑨ ⑨ / ⓪	① 学生 / ② 公務員（公社含む） / ③ 会社員 / ④ 団体職員 / ⑤ 会社・団体役員 / ⑥ 個人の従業員 / ⑦ 自営業 / ⑧ 自由業 / ⑨ 無職 / ⓪ その他	○ 短大・高専卒以上 / ○ 高予・司法合格 / ○ 公務員3年以上 / ○ 行政書士合格 / ○ 弁護士・社労士役員 / ○ 役員3年以上 / ○ 従業員3年以上 / ○ その他

(4) 3. 年齢は　　　にそれぞれ算用数字を記入するとともにコード欄をマークすること。
(5) 2. 性別，4. 職業，5. 受験資格区分はコード欄の該当するものをマークすること。

〈切り取り線〉

〈解答欄〉

労働基準法及び労働安全衛生法

	A	B	C	D	E
1	○	○	○	○	○
2	○	○	○	○	○
3	○	○	○	○	○
4	○	○	○	○	○
5	○	○	○	○	○
6	○	○	○	○	○
7	○	○	○	○	○
8	○	○	○	○	○
9	○	○	○	○	○
10	○	○	○	○	○

労働者災害補償保険法（労働保険徴収法を含む。）

	A	B	C	D	E
1	○	○	○	○	○
2	○	○	○	○	○
3	○	○	○	○	○
4	○	○	○	○	○
5	○	○	○	○	○
6	○	○	○	○	○
7	○	○	○	○	○
8	○	○	○	○	○
9	○	○	○	○	○
10	○	○	○	○	○

雇用保険法（労働保険徴収法を含む。）

	A	B	C	D	E
1	○	○	○	○	○
2	○	○	○	○	○
3	○	○	○	○	○
4	○	○	○	○	○
5	○	○	○	○	○
6	○	○	○	○	○
7	○	○	○	○	○
8	○	○	○	○	○
9	○	○	○	○	○
10	○	○	○	○	○

労務管理その他の労働及び社会保険に関する一般常識

	A	B	C	D	E
1	○	○	○	○	○
2	○	○	○	○	○
3	○	○	○	○	○
4	○	○	○	○	○
5	○	○	○	○	○
6	○	○	○	○	○
7	○	○	○	○	○
8	○	○	○	○	○
9	○	○	○	○	○
10	○	○	○	○	○

健康保険法

	A	B	C	D	E
1	○	○	○	○	○
2	○	○	○	○	○
3	○	○	○	○	○
4	○	○	○	○	○
5	○	○	○	○	○
6	○	○	○	○	○
7	○	○	○	○	○
8	○	○	○	○	○
9	○	○	○	○	○
10	○	○	○	○	○

厚生年金保険法

	A	B	C	D	E
1	○	○	○	○	○
2	○	○	○	○	○
3	○	○	○	○	○
4	○	○	○	○	○
5	○	○	○	○	○
6	○	○	○	○	○
7	○	○	○	○	○
8	○	○	○	○	○
9	○	○	○	○	○
10	○	○	○	○	○

国民年金法

	A	B	C	D	E
1	○	○	○	○	○
2	○	○	○	○	○
3	○	○	○	○	○
4	○	○	○	○	○
5	○	○	○	○	○
6	○	○	○	○	○
7	○	○	○	○	○
8	○	○	○	○	○
9	○	○	○	○	○
10	○	○	○	○	○

CONTENTS

2025年度版 [解説付] 完全模擬問題

別冊 完全模擬問題
- 選択式問題 ……………………………………………………………… 1
- 択一式問題 ……………………………………………………………… 15

綴込み付録 マークシート模擬解答用紙
※解答用紙は、社労士Vホームページ（https://www.sv-web.jp/）からもダウンロードできます。

頻出！「週20時間以上」攻略 …………………………………………… 2

ココも見落とすな！ 科目別 論点確認一問一答20
- ① 労働基準法及び労働安全衛生法 ………………………………………… 6
- ② 労働者災害補償保険法（徴収法含む） ………………………………… 8
- ③ 雇用保険法（徴収法含む） ……………………………………………… 10
- ④ 労務管理その他の労働及び社会保険に関する一般常識 ……………… 12
- ⑤ 健康保険法 ………………………………………………………………… 14
- ⑥ 厚生年金保険法 …………………………………………………………… 16
- ⑦ 国民年金法 ………………………………………………………………… 18

完全模擬問題　解答と解説
- 配点及び正答一覧 …………………………………………………………… 20
- 講評と合格ライン～本番に向けたアドバイス～ ………………………… 21
- 選択式問題〔解答・解説〕 ………………………………………………… 23
- 択一式問題〔解答・解説〕 ………………………………………………… 26
  - 労働基準法及び労働安全衛生法 ………………………………………… 26
  - 労働者災害補償保険法（労働保険の保険料の徴収等に関する法律を含む。）……… 28
  - 雇用保険法（労働保険の保険料の徴収等に関する法律を含む。）……… 31
  - 労務管理その他の労働及び社会保険に関する一般常識 ……………… 34
  - 健康保険法 ………………………………………………………………… 37
  - 厚生年金保険法 …………………………………………………………… 41
  - 国民年金法 ………………………………………………………………… 43

頻出！「週20時間以上」攻略

社会保険労務士　奥田 章博

はじめに

　雇用保険法、健康保険法および厚生年金保険法において、短時間労働者（１週間の所定労働時間が同一の事業所に使用される通常の労働者の１週間の所定労働時間に比し短い者）を被保険者として取り扱うか否かは重要な論点です。その基準を簡単に示すと、次のとおりです。

■雇用保険法

１週間の所定労働時間が20時間以上であり、かつ、31日以上の雇用の見込みがあること

■健康保険法および厚生年金保険法

step 1　４分の３基準（１週間の所定労働時間および１カ月の所定労働日数が、同一の事業所に使用される通常の労働者の者と比べて４分の３以上）を満たしていること

step 2　４分の３基準を満たさない者については、次のすべての要件を満たすこと
- １週間の所定労働時間が20時間以上
- 月額賃金８万8,000円以上
- 学生でない
- 「所定の方法で算定した被保険者数が常時50人を超える適用事業所（特定適用事業所）」または「任意特定適用事業所」に勤務

〈補足〉使用される期間については、通常の労働者と同様に、２カ月を超えて使用される見込みがあることが問われる。

※　いずれの法律においても、他の適用除外に該当しないことなども必要。

　この論点については、世間の注目度が高く、改正がたびたび行われています。
　社労士試験においても、出題が多く、特に「**１週間の所定労働時間が20時間以上**」という要件については、行政の解釈を示したもの（行政手引・事務連絡）からの出題がよくみられます。
　そこで、その行政手引・事務連絡を紹介し、どのような出題があったのかを確認していただきたいと思い、以下で整理しました。改めて、ここで取り上げた行政手引・事務連絡の内容を確認しておきましょう。

ポイント

　雇用保険法の行政手引の内容と、健康保険法および厚生年金保険法の事務連絡の内容はほぼ同じです。
　以下では、基本的に、事務連絡（令和６年９月５日事務連絡／短時間労働者に対する健康保険・厚生年金保険の更なる適用拡大に係る事務の取扱いに関するＱ＆Ａ集の送付について（その３））に沿って、規定内容と過去問を紹介していきます。
　ただし、一部、行政手引（行政手引20303(3)、20557(7)）の方が詳しい部分があり、また、被保険者資格の取得時期については違いがありますので、そのような部分は別途紹介します。

頻出！「週20時間以上」攻略

[前提] 「1週間の所定労働時間」とは

　就業規則、雇用契約書等により、その者が通常の週に勤務すべきこととされている時間をいう。

　この場合の「通常の週」とは、祝祭日およびその振替休日、年末年始の休日夏季休暇等の特別休日（すなわち、週休日その他概ね1カ月以内の期間を周期として規則的に与えられる休日以外の休日）を含まない週をいう（行政手引20303(3)）。

1　雇用保険・健康保険・厚生年金保険に共通する部分

(1)　事務連絡の問30／行政手引20303(3)

問	1週間の所定労働時間が短期的かつ周期的に変動する場合とはどのような場合か。また、そのような場合は1週間の所定労働時間をどのように算出すればよいか。
答	4週5休制等のため、1週間の所定労働時間が短期的かつ周期的に変動し一定ではない場合等は、**当該周期における1週間の所定労働時間**を**平均**し、算出します。
過去問	雇用法（令和3年度　問1－C） 問　1週間の所定労働時間算定に当たって、4週5休制等の週休2日制等1週間の所定労働時間が短期的かつ周期的に変動し、通常の週の所定労働時間が一通りでないとき、1週間の所定労働時間は、それらの加重平均により算定された時間とする。　　　　　　　（答　○） 〈補足〉健保法（平成30年度　問8－ア）もこの部分から出題

(2)　事務連絡の問31／行政手引20303(3)

問	所定労働時間が1カ月単位で定められている場合、1週間の所定労働時間をどのように算出すればよいか。
答	**1カ月の所定労働時間を12分の52で除して算出**します（1年間を52週とし、1カ月を12分の52週とし、12分の52で除すことで1週間の所定労働時間を算出する）。
過去問	雇用法（令和3年度　問1－B） 問　所定労働時間が1カ月の単位で定められている場合、当該時間を12分の52で除して得た時間を1週間の所定労働時間として算定する。　　　　　　　（答　○）
ひと言	1カ月の所定労働時間を**12分の52**で除して得た時間を1週間の所定労働時間とする →「12」は**年間の月の数**、「52」は**年間の週の数**に相当する数です。「12分の52で除す」ということは、「52分の12を乗じる」ことになりますが、こうすることにより、月の所定労働時間を、一度、1年の所定労働時間に換算し、それを年間の週の数に相当する数で割って、1週間の所定労働時間を求めていると考えると覚えやすいと思います。 考え方の整理　・月の所定労働時間×**12**（年間の月の数）＝1年の所定労働時間 　　　　　　　　・1年の所定労働時間÷**52**（年間の週の数）＝1週間の所定労働時間

(3)　事務連絡の問32／行政手引20303(3)

問	特定の月の所定労働時間に例外的な長短がある場合とはどのような場合か。また、そのような場合は1週間の所定労働時間をどのように算出すればよいか。
答	夏季休暇等のため夏季の特定の月の所定労働時間が例外的に短く定められている場合や、繁忙期間中の特定の月の所定労働時間が例外的に長く定められている場合等は、当該特定の月以外の**通常の月の所定労働時間を12分の52で除して**、1週間の所定労働時間を算出します。

［解説付］完全模擬問題　社労士 **V** ｜ 3

過去問	健保法（令和2年度　問1-D） 問　特定適用事業所に使用される短時間労働者の被保険者資格の取得の要件である「1週間の所定労働時間が20時間以上であること」の算定において、短時間労働者の所定労働時間が1カ月の単位で定められ、特定の月の所定労働時間が例外的に長くまたは短く定められているときは、当該特定の月以外の通常の月の所定労働時間を12分の52で除して得た時間を1週間の所定労働時間とする。　　　　　　　　　　　　　　　　　（答　○）
ひと言	上記(2)の応用です。月の所定労働時間として、特定の月ではなく、**通常の月**のものを使うということです。

(4)　事務連絡の問33／行政手引20303(3)

問	所定労働時間が1年単位で定められている場合、1週間の所定労働時間をどのように算出すればよいか。
答	**1年の所定労働時間を52で除して算出**します。 ㊟　行政手引20303(3)では、次のような補足事項もある。 　労使協定等において、所定労働時間が1年間の単位で定められている場合であっても、さらに、週または月を単位として所定労働時間が定められている場合には、上記によらず、**当該週または月を単位として定められた所定労働時間**により1週間の所定労働時間を算定すること。
過去問	雇用法（令和3年度　問1-D） 問　労使協定等において「1年間の所定労働時間の総枠は○○時間」と定められている場合のように、所定労働時間が1年間の単位で定められている場合は、さらに、週または月を単位として所定労働時間が定められている場合であっても、1年間の所定労働時間の総枠を52で除して得た時間を1週間の所定労働時間として算定する。 　答　×　さらに、週または月を単位として所定労働時間が定められている場合には、当該週または月を単位として定められた所定労働時間により1週間の所定労働時間を算定する。
ひと言	行政手引20303(3)による補足事項については出題実績があるので、雇用保険法対策として覚えておきましょう。

2　雇用保険の行政手引でさらに詳しく述べられている部分

行政手引20303(3)

行政手引	雇用契約書等により1週間の所定労働時間が定まっていない場合やシフト制などにより直前にならないと勤務時間が判明しない場合については、勤務実績に基づき平均の所定労働時間を算定すること。 　また、雇用契約書等における1週間の所定労働時間と実際の勤務時間に常態的に乖離がある場合であって、当該乖離に合理的な理由がない場合は、原則として実際の勤務時間により判断する。具体的には、事業所における入職から離職までの全期間を平均して1週間あたりの通常の実際の勤務時間が概ね20時間以上に満たず、そのことについて合理的な理由がない場合は、原則として1週間の所定労働時間は20時間未満であると判断し、被保険者とならない。
過去問	雇用法（令和3年度　問1-A） 問　雇用契約書等により1週間の所定労働時間が定まっていない場合やシフト制などにより直前にならないと勤務時間が判明しない場合、勤務実績に基づき平均の所定労働時間を算定する。　　　　　　　　　　　　　　　　　　　　　　　　（答　○） 雇用法（令和3年度　問1-E）

4 | 社労士**V**　2025年度版

頻出！「週20時間以上」攻略

過去問	問　雇用契約書等における１週間の所定労働時間と実際の勤務時間に常態的に乖離がある場合であって、当該乖離に合理的な理由がない場合は、原則として実際の勤務時間により１週間の所定労働時間を算定する。　　　　　　　　　　　　　　　　　　　　　　　　（答　○）
ひと言	上記の行政手引の「具体的には、」以下の部分からの出題はない（今後の出題に注意）。

3　雇用保険と健康保険・厚生年金保険とで異なる部分

(1)　事務連絡の問34

問	就業規則や雇用契約書等で定められた所定労働時間が週20時間未満である者が、業務の都合等により恒常的に実際の労働時間が週20時間以上となった場合は、どのように取り扱うのか。
答	実際の労働時間が連続する２月において週20時間以上となった場合で、引き続き同様の状態が続いているまたは続くことが見込まれる場合は、**実際の労働時間が週20時間以上となった月の３月目の初日**に被保険者の資格を取得します。
過去問	厚年法（令和６年度　問６－A） 問　特定適用事業所で使用されている甲（所定内賃金が月額88,000円以上、かつ、学生ではない。）は、雇用契約書で定められた所定労働時間が週20時間未満である。しかし、業務の都合によって、２カ月連続で実際の労働時間が週20時間以上となっている。引き続き同様の状態が続くと見込まれる場合は、実際の労働時間が週20時間以上となった月の３カ月目の初日に、甲は厚生年金保険の被保険者資格を取得する。　　　　　　　　　　（答　○） 〈補足〉健保法（平成29年度　問９－オ）もこの部分から出題
ひと言	次の(2)の雇用保険法の取扱いとの**違いに注意**。

(2)　行政手引20557(7)

行政 手引	１週間の所定労働時間が20時間未満の者は、適用事業に１週間の所定労働時間が20時間以上かつ31日以上の雇用見込みがある労働者として**雇用されるに至った日**に被保険者資格を取得する。 　従前から１週間の所定労働時間が20時間未満の者として適用事業に就労していた者が、労働条件の変更等により、１週間の所定労働時間が20時間以上となった場合には、当該**事実のあった日以降**において、**31日以上雇用されること**が見込まれることとなった日から被保険者資格を取得する。
過去問	上記の行政手引からの出題はない（今後の出題に注意）。

おわりに

　最後に、予想問題を用意しました。確認しておいてください。

問１　特定適用事業所に使用される短時間労働者の被保険者資格の取得の要件である「１週間の所定労働時間が20時間以上」の算定において、所定労働時間が１年単位で定められている場合は、当該時間を52で除して得た時間を１週間の所定労働時間とする。 問２　雇用保険の適用事業において、１週間の所定労働時間が20時間未満の者が、１週間の所定労働時間が20時間以上かつ31日以上の雇用見込みがある労働者として雇用されることになった。この場合、他の要件を満たしていれば、その雇用されるに至った日の属する月の初日に被保険者資格を取得する。 （答１　○／答２　×　「その**雇用されるに至った日**」に被保険者資格を取得する）

科目別 論点確認一問一答 20 ①
労働基準法及び労働安全衛生法

労務経理ゼミナール　**古川 飛祐**

═══ 問　題 ═══

Q① 労働基準法第15条第1項の規定によって明示された労働条件が事実と相違する場合においては、労働者は即時に労働契約を解除することができるが、この場合、就業のために住居を変更した労働者が、契約解除の日から14日以内に帰郷する場合においては、使用者は、必要な旅費を負担しなければならない。

Q② 使用者は、あらかじめ第三者と謀り、労働者の就業を妨げることを目的として、労働者の国籍、信条、社会的身分若しくは労働組合運動に関する通信をし、又は労働基準法第22条第1項及び第2項の退職時等の証明書に秘密の記号を記入してはならない。

Q③ フレックスタイム制を採用している場合は、休憩を一斉に与える必要はない。

Q④ 1年単位の変形労働時間制における労働日の特定は、「8月から10月までの間に労働者の指定する3日間について休日を与える」という制度があればそれによって労働日を特定したことになる。

Q⑤ 1週間単位の非定型的変形労働時間制において、事前通知により労働させることができる1日の所定労働時間の上限は12時間である。

Q⑥ 休憩時間中の外出について所属長の許可を受けさせることは、労働基準法第34条第3項（休憩の自由利用）違反となる。

Q⑦ 就業規則に定める休日の振替規定により休日を振り替える場合、当該休日は労働日となるので休日労働に対する割増賃金の支払が必要である。

Q⑧ 事業場の労働者の過半数で組織する労働組合がある場合において、使用者が、その労働組合と36協定を締結し、これを行政官庁に届け出た場合、その協定が有する労働基準法上の効力は、当該組合の組合員でない他の労働者にも及ぶ。

Q⑨ 休日労働が8時間を超えた場合は、超えた時間について通常の労働時間の賃金の計算額の6割以上の率で計算した割増賃金を支払わなければならない。

Q⑩ 割増賃金計算における端数処理として、1時間当たりの賃金額及び割増賃金額に円未満の端数が生じた場合、50銭未満の端数を切り捨て、それ以上を1円に切り上げることは、労働基準法第24条及び第37条違反としては取り扱わない。

Q⑪ 年次有給休暇の計画的付与について、事業場全体の休業による一斉付与の場合、年次有給休暇の権利のない者を休業させれば、その者に休業手当を支払わなければ労働基準法第26条違反となる。

Q⑫ 年次有給休暇における使用者の時季変更権について、派遣労働者の場合、事業の正常な運営が妨げられるか否かの判断は、派遣元の事業についてなされる。

Q⑬ 年次有給休暇の期間又は時間について、使用者は、労使協定で定めるところにより、それぞれ、平均賃金若しくは所定労働時間労働した場合に支払われる通常の賃金又はこれらの額を基準として厚生労働省令で定めるところにより算定した額の賃金を支払わなければならない。

Q⑭ 事業場に、労働基準法又は労働基準法に基いて発する命令に違反する事実がある場合においては、労働者は、その事実を行政官庁又は労働基準監督官に申告することができる。

Q⑮ 常時使用労働者数が80人の清掃業の事業場は、総括安全衛生管理者の選任が必要である。

Q⑯ 常時50人以上の労働者を使用する自動車整備業の事業場では、事業の実施を統括管理する者のうちから安全管理者を選任しなければならない。

Q⑰ 労働基準監督署長は、労働災害を防止するため必要があると認めるときは、事業者に対し、衛生管理者の増員又は解任を命ずることができる。

Q⑱ 請負関係の建設業の事業場において、元方事業者は、その労働者及び関係請負人の労働者が一の場所においてずい道等の建設の仕事に係る作業を行うときに、これらの労働者の数が27人である場合には、統括安全衛生責任者を選任

しなければならない。

Q⑲ 事業者は、労働者を就業させる建設物その他の作業場について、通路、床面、階段等の保全並びに換気、採光、照明、保温、防湿、休養、避難及び清潔に必要な措置その他労働者の健康、風紀及び生命の保持のため必要な措置を講じなければならない。

Q⑳ 元方事業者は、関係請負人又は関係請負人の労働者が、当該仕事に関し、労働安全衛生法又は同法に基づく命令の規定に違反していると認めるときは、是正のため必要な指示を行なわなければならない。

◇◇◇◇◇◇◇◇◇◇◇◇◇◇◇◇ **正解と根拠** ◇◇◇◇◇◇◇◇◇◇◇◇◇◇◇◇

① ○〈法第15条2項・3項〉 ② ○〈法第22条4項〉 ③ ×〈昭63.3.14基発150号〉休憩時間は労働基準法の規定どおりに与えなければならない。一斉休憩が必要な場合には、コアタイム中に休憩時間を定めるよう指導することとされている。 ④ ×〈平6.5.31基発330号〉労働日を特定するということは、反面、休日を特定することとなり、設問の場合のように、変形期間開始後にしか休日が特定できない場合には、労働日が特定されたことにはならない。 ⑤ ×〈昭63.1.1基発1号〉12時間ではなく10時間である。 ⑥ ×〈昭23.10.30基発1575号〉事業場内において自由に休息し得る場合は必ずしも違法にはならない。 ⑦ ×〈昭22.11.27基発401号、昭63.3.14基発150号〉就業規則に定める休日の振替規定により休日を振り替える場合、当該休日は労働日となるので休日労働とはならないが、振り替えたことにより当該週の労働時間が1週間の法定労働時間を超えるときは、その超えた時間については時間外労働となり、時間外労働に関する36協定及び割増賃金の支払が必要である。 ⑧ ○〈昭23.4.5基発535号〉 ⑨ ×〈昭22.11.21基発366号〉深夜業に該当しない限り3割5分増しでよい。 ⑩ ○〈昭63.3.14基発150号〉 ⑪ ○〈昭63.3.14基発150号〉 ⑫ ○〈昭61.6.6基発333号〉 ⑬ ×〈法第39条9項〉年次有給休暇の期間または時間については、就業規則その他これに準ずるもので定めるところにより、それぞれ、平均賃金もしくは所定労働時間労働した場合に支払われる通常の賃金またはこれらの額を基準として厚生労働省令で定めるところにより算定した額の賃金を支払わなければならない。ただし、労使協定により、健康保険法に規定する標準報酬月額の30分の1に相当する金額を支払う旨を定めたときは、これによらなければならない。 ⑭ ○〈法第104条1項〉 ⑮ ×〈令2条1号〉清掃業は常時100人以上で総括安全衛生管理者が必要となる。 ⑯ ×〈則5条〉安全管理者の資格は、「統括管理」ではなく一定の研修修了＋一定の学歴等である。 ⑰ ○〈法第12条2項〉 ⑱ ×〈法第15条の3第1項、令7条2項、則18条の6〉設問の場合は店社安全衛生管理者を選任しなければならない。 ⑲ ○〈法第23条〉 ⑳ ○〈法第29条2項〉

科目別 論点確認一問一答20 ②
労働者災害補償保険法（徴収法含む）

社会保険労務士　奥田 章博

=== 問　題 ===

Q① 労災保険法は、国の直営事業や官公署の事業（労働基準法別表第1に掲げる事業を除く。）には適用されないが、船員保険の被保険者には適用される。

Q② 派遣労働者については、派遣先の事業において、労災保険の適用を受ける。

Q③ 「血管病変等を著しく増悪させる業務による脳血管疾患および虚血性心疾患等の認定基準について」（令和3年9月14日付け基発第0914第1号）では、「長期間の過重業務」については発症前おおむね3カ月間を、「短期間の過重業務」については発症前おおむね1カ月間を、「異常な出来事」については発症直前から前日までの間を、評価期間としている。

Q④ 業務上負傷し、または疾病にかかった労働者が、当該負傷または疾病に係る療養の開始後1年6カ月を経過した日において傷病補償年金を受けている場合には、労働基準法第19条第1項の規定の適用については、当該使用者は、当該1年6カ月を経過した日において同法第81条の規定による打切補償を支払ったものとみなされる。

Q⑤ 障害補償年金の受給権者が死亡した場合、受給済みの障害補償年金の額のいかんを問わず、その遺族に対して、障害補償年金差額一時金が支給される。

Q⑥ 労働者が業務上の事由により死亡した場合において、死亡の当時その収入によって生計を維持していた遺族として、当該労働者の妻（35歳）と子（10歳）が残された場合（妻と子は生計を同じくしているものとする）、当該労働者が死亡した月の翌月から、妻に対して、給付基礎日額の201日分の遺族補償年金が支給される。

Q⑦ 遺族補償年金の受給権を失った者が、遺族補償一時金を受けることとなった場合でも、その遺族補償一時金の額は、給付基礎日額の1,000日分である。

Q⑧ 葬祭料は、業務上の事由により死亡した労働者の葬祭を行う者に対して、その請求に基づいて支給されるものであり、死亡した労働者の遺族以外の者に支給されることがある。

Q⑨ 遺族補償年金、複数事業労働者遺族年金及び遺族年金以外の保険給付について、未支給の保険給付の請求をすることができるのは、死亡した受給権者の配偶者、子、父母、孫、祖父母、兄弟姉妹又はこれらの者以外の三親等内の親族であって、その者の死亡の当時その者と生計を同じくしていたもののうち、最先順位の者である。

Q⑩ 労働者が、故意の犯罪行為又は重大な過失により、負傷、疾病、障害若しくは死亡又はこれらの原因となった事故を生じさせたときは、政府は、保険給付を行わない。

Q⑪ 政府は、社会復帰促進等事業のうち、特別支給金の支給を除くすべての事業を、独立行政法人労働者健康安全機構に行わせるものとされている。

Q⑫ 同一の事由について、厚生年金保険の遺族厚生年金と労災保険の遺族補償年金及び特別支給金である遺族特別年金が支給されるときは、他の社会保険との支給調整の仕組みにより、遺族補償年金及び遺族特別年金が減額して支給される。

Q⑬ 中小事業主等の特別加入、一人親方等及び特定作業従事者の特別加入をしている者に対しては、二次健康診断等給付が行われることはないが、海外派遣者の特別加入をしている者に対しては、二次健康診断等給付が行われることがある。

Q⑭ 行政庁は、保険給付に関して必要があると認めるときは、保険給付を受け、又は受けようとする者（遺族補償年金、複数事業労働者遺族年金又は遺族年金の額の算定の基礎となる者を含む。）に対し、その指定する医師の診断を受けるべきことを命ずることができる。

Q⑮ 労働保険の保険料の徴収等に関する法律（以下「労働保険徴収法」という。）の第1条においては、この法律は、労働保険の事業の効率的な運営を図るため、労働保険の保険関係の成立及び消滅、労働保険料の納付の手続、労働保

険事務組合等に関し必要な事項を定めるものとする、とされている。

Q⑯ 労災保険及び雇用保険の適用事業については、その事業が開始された日又は適用事業に該当するに至った日に、その事業についての労災保険及び雇用保険の保険関係が成立する。この場合、事業主は、その成立した日から10日以内に、保険関係成立届を所轄労働基準監督署長及び所轄公共職業安定所長の双方に提出しなければならない。

Q⑰ いわゆる個人経営で、労働者を常時4人使用している農業の事業主が、労災保険への任意加入の申請をするためには、その使用する労働者の3人以上の同意を得なければならず、その使用する労働者の3人以上の同意を得なければ、その保険関係を消滅させることはできない。

Q⑱ 有期事業のうち立木の伐採の事業が、有期

事業の一括の適用を受けるためには、それぞれの事業の規模が、概算保険料の額に相当する額が160万円未満であるか、又は、素材の見込生産量が1,000立方メートル未満であることが必要である。

Q⑲ 継続事業の概算保険料については、保険年度の6月1日から40日以内（保険年度の中途に保険関係が成立したものについては、当該保険関係が成立した日から50日以内）に申告・納付しなければならず、有期事業の概算保険料については、当該保険関係が成立した日から50日以内に申告・納付しなければならない。

Q⑳ 継続事業のメリット制による労災保険率（非業務災害率を除く。）の増減幅を拡大する特例（いわゆる特例メリット制）は、継続事業のメリット制が適用される事業であれば、業種や規模を問わずに適用される。

◇◇◇◇◇◇◇◇◇◇◇◇◇◇◇◇◇◇◇◇◇◇◇◇◇ **正解と根拠** ◇◇◇◇◇◇◇◇◇◇◇◇◇◇◇◇◇◇◇◇◇◇◇◇◇

① ○〈第3条2項〉 ② ×〈第3条1項、昭61.6.30基発383号〉派遣労働者は、「派遣元」の事業において、労災保険の適用を受ける。 ③ ×〈令3.9.14基発0914第1号〉長期間の過重業務については発症前おおむね「6カ月間」を、短期間の過重業務については発症前おおむね「1週間」を、異常な出来事については発症直前から前日までの間を評価期間とする。 ④ ×〈法第19条〉「1年6カ月」ではなく、「3年」である。 ⑤ ×〈法附則58条〉障害補償年金の受給権者が死亡した場合において、すでに支給された障害補償年金および障害補償年金前払一時金の合計額が、障害等級によって定められた一定額に満たない場合に、一定の遺族に支給されるものである。 ⑥ ○〈法第16条の3第1項、別表第1〉 ⑦ ×〈法第16条の8、別表第2〉遺族補償年金の受給権を失った者に遺族補償一時金が支給されるのは、すでに支給された遺族補償年金および遺族補償年金前払一時金の合計額が、給付基礎日額の1,000日分に満たない場合であり、その場合には、その差額が遺族補償一時金として支給される。 ⑧ ○〈法第12条の8第1項・2項〉 ⑨ ×〈法第11条1項〉「これらの者以外の三親等内の親族」は、請求権者に含まれていない。国年法・厚年法とは異なることに注意。 ⑩ ×〈法第12条の2の2第2項〉「保険給付の全部または一部を行わないことができる」という支給制限となる。 ⑪ ×〈法第29条3項、独立行政法人労働者健康安全機構法第12条1項〉独立行政法人労働者健康安全機構に行わせるのは、労災病院の設置・運営、未払賃金の立替払事業などに限られており、特別支給金の支給を除くすべての事業ではない。 ⑫ ×〈特別支給金支給規則に準用規定なし〉特別支給金は、他の社会保険との調整の対象とならない。 ⑬ ×〈平13.3.30基発233号〉二次健康診断等給付は、特別加入者に対しては行われない（すべての特別加入者に共通）。 ⑭ ○〈法第47条の2〉 ⑮ ○〈法第1条〉 ⑯ ×〈法第4条の2第1項、則附則4条2項〉保険関係成立届は、事務の所轄の区分に応じて、所轄労働基準監督署長または所轄公共職業安定所長のいずれかに提出する。 ⑰ ×〈整備省令1条〉労災保険の暫定任意適用事業については、任意加入の申請に際し、労働者の同意は不要である。 ⑱ ×〈法第7条3号、則6条1項〉立木の伐採の事業が、有期事業の一括の適用を受けるための事業規模の要件は、「概算保険料相当額が160万円未満であり、かつ、素材の見込生産量が1,000立方メートル未満であること」である。 ⑲ ×〈法第15条1項・2項〉継続事業については正しいが、有期事業の概算保険料の申告納期限は、当該保険関係が成立した日から「20日以内」である。 ⑳ ×〈法第12条の2〉いわゆる特例メリット制については、建設の事業および立木の伐採の事業（一括有期事業）には適用されない。また、一定の中小事業主に限り適用されるものである。

科目別 論点確認一問一答 20 ③
雇用保険法（徴収法含む）

特定社会保険労務士　真島 伸一郎

=== 問　題 ===

Q① 基本手当の受給資格に関する算定対象期間とは、離職日前2年間（特定受給資格者又は特定理由離職者の場合は1年間）である。

Q② 本邦外で採用された者は、原則として被保険者にならないが、日本国籍を有している場合に限り、事業主が都道府県労働局長の許可を得れば、被保険者となる。

Q③ 被保険者が離職日に59歳以上である場合であっても、当該被保険者が離職票の交付を希望しないのであれば、事業主は、資格喪失届に離職証明書を添付する必要はない。

Q④ 特定受給資格者又は特定理由離職者については、離職日以前2年間に被保険者期間が通算して6カ月以上あれば、基本手当の受給資格を取得できる。

Q⑤ 深夜労働を行った場合の賃金支払基礎日数の計算は、深夜労働に従事して翌日にわたり、かつ、その労働時間が労働基準法第32条第2項に規定する8時間を超える場合にはこれを2日として計算し、たとえ深夜労働を行って翌日にわたっても、労働時間が8時間を超えない場合は、これを1日として計算する。

Q⑥ 基本手当の支給を受けようとする者は、離職後、その者の選択する公共職業安定所に出頭し、求職の申込みをしたうえで、雇用保険被保険者離職票を提出して受給資格の決定を受けなければならない。

Q⑦ 基本手当は、受給資格者が当該基本手当の受給資格に係る離職後最初に公共職業安定所に求職の申込みをした日以後において、失業している日（疾病又は負傷のため職業に就くことができない日を除く。）が通算して7日に満たない間は支給されない。

Q⑧ 基本手当の日額の基となる賃金日額は、原則として、離職日前12カ月間に支払われた賃金の総額を、その期間の暦日数で除して求める。

Q⑨ 育児休業給付金及び出生時育児休業給付金の支給を受けた休業期間については、算定基礎期間の対象から除かれる。

Q⑩ 受給資格者が受給期間内に再就職し、再び離職した場合で、新たに受給資格、高年齢受給資格又は特例受給資格を取得したときは、その取得した日以後においては、前の受給資格に基づく基本手当は支給されない。

Q⑪ 公共職業訓練等の終了後の期間に係る訓練延長給付は、当該訓練終了日において、基本手当の支給残日数が30日以上の者には支給されない。

Q⑫ 自己の責めに帰すべき重大な理由によって解雇された場合は、待期期間満了後3カ月間の給付制限がかかるが、この3カ月については、離職日からさかのぼる5年間のうち2回までは1カ月とする。

Q⑬ 高年齢求職者給付金の額は、離職理由によって異なる。

科目別　論点確認一問一答20 ③

Q⑭　待期期間中の就職について常用就職支度手当が支給されることはない。

Q⑮　暫定任意適用事業の事業主は、その事業に使用される労働者の2分の1以上が希望するときは、労災保険の任意加入の申請を行わなければならない。

Q⑯　継続事業の一括の認可を得るためには、事業主が同一人であるそれぞれの事業のすべてが雇用保険に係る保険関係が成立している事業のうち二元適用事業である場合であっても、当該すべての事業が労災保険率表における事業の種類を同じくしていなければならない。

Q⑰　有期事業の事業主は、労働保険料を概算保険料申告書に添えて、保険関係が成立した日から20日以内に納付しなければならないが、この20日については、保険関係成立日の翌日から起算する。

Q⑱　一括有期事業の事業主は、確定保険料申告書の提出の際、一括有期事業報告書を添えなければならない。

Q⑲　一括有期事業について継続事業のメリット制の適用を受けるためには、当該保険年度の確定保険料の額が75万円以上である必要がある。

Q⑳　事業主が印紙保険料の納付を怠った場合、政府は、印紙保険料の額（その額に100円未満の端数があるときは、その端数は切り捨てる）の100分の25に相当する額の追徴金を徴収する。ただし、納付を怠った印紙保険料の額が1,000円未満であるときは、この限りでない。

◇◇◇◇◇◇◇◇◇◇◇◇◇◇◇◇◇◇◇◇◇◇◇◇◇ **正解と根拠** ◇◇◇◇◇◇◇◇◇◇◇◇◇◇◇◇◇◇◇◇◇◇◇◇◇

① × 〈法第13条〉算定対象期間は、離職日「以」前2年間（特定受給資格者又は特定理由離職者の場合は1年間）である。　② × 〈行政手引20352〉本邦外で採用された者は、国籍を問わず被保険者とならない。後段のような特例は存在しない。　③ × 〈則7条1項・3項〉被保険者が離職日に59歳以上である場合、当該被保険者が離職票の交付を希望しなくとも、事業主は、資格喪失届に離職証明書を添付しなければならない。　④ × 〈法第13条〉離職日以前「1」年間に被保険者期間が通算して6カ月以上あれば、基本手当の受給資格を取得できる。　⑤ ○ 〈行政手引21454〉　⑥ × 〈法第15条2項〉「その者の選択する」ではなく「管轄」が正しい。　⑦ × 〈法第21条〉待期期間には、疾病または負傷のため職業に就くことができない日を「含む」。　⑧ × 〈法第17条1項〉賃金日額は、原則として、離職日前「6」カ月間に支払われた賃金の総額を、「180」で除して求める。　⑨ ○ 〈法第61条の7第9項、第61条の8第6項〉　⑩ ○ 〈法第20条3項〉　⑪ ○ 〈法第24条2項、令5条1項〉　⑫ × 〈法第33条、行政手引52205〉「離職日からさかのぼる5年間のうち2回までは1カ月とする」は、正当な理由のない自己都合退職の場合に適用される特例であり、自己の責めに帰すべき重大な理由によって解雇された場合の給付制限期間は、例外なく3カ月間となる。　⑬ × 〈法第37条の4第1項〉高年齢求職者給付金の額は、算定基礎期間の長さのみで決まり、離職理由によって異なることはない。　⑭ ○ 〈法第56条の3第1項、則82条2項〉　⑮ × 〈整備法第5条1・2項〉「2分の1以上」ではなく、「過半数」が正しい。2分の1以上は、雇用保険の場合である。　⑯ ○ 〈法第9条、則10条1項〉　⑰ ○ 〈法第15条2項〉　⑱ ○ 〈法第19条、則34条〉　⑲ × 〈法第12条3項、則17条〉「75万円」以上ではなく、「40万円」以上が正しい。　⑳ × 〈法第25条2項〉（その額に1,000円未満の端数があるときは、その端数は切り捨てる）が正しい。

［解説付］完全模擬問題　社労士 **Ⅴ**

ココも見落とすな！
科目別 論点確認一問一答 20 ④
労務管理その他の労働及び社会保険に関する一般常識

特定社会保険労務士　富田　朗

=== 問　題 ===

Q① 公共職業安定所は、労働争議に対する中立の立場を維持するため、同盟罷業又は作業所閉鎖の行われている事業所に、求職者を紹介してはならない。

Q② 労働者派遣事業を行おうとする者は、厚生労働大臣の認可を受けなければならない。

Q③ 事業主は、労働者の募集及び採用をする場合において、やむを得ない理由により一定の年齢（60歳以下のものに限る。）を下回ることを条件とするときは、求職者に対し、厚生労働省令で定める方法により、当該理由を示さなければならない。

Q④ 国及び地方公共団体は、自ら率先して障害者を雇用するとともに、障害者の雇用について事業主その他国民一般の理解を高めるほか、事業主、障害者その他の関係者に対する援助の措置及び障害者の特性に配慮した職業リハビリテーションの措置を講ずる等障害者の雇用の促進及びその職業の安定を図るために必要な施策を、障害者の福祉に関する施策との有機的な連携を図りつつ総合的かつ効果的に推進するように努めなければならない。

Q⑤ 労働契約法において、労働契約は、労働者及び使用者が対等の立場における合意に基づいて締結し、又は変更すべきものとされている。

Q⑥ 社会保険労務士は、事業における労務管理その他の労働に関する事項及び労働社会保険諸法令に基づく社会保険に関する事項について、裁判所において、補助人として、弁護士である訴訟代理人とともに出頭し、陳述をすることができる。

Q⑦ 懲戒処分により社会保険労務士の失格処分を受けた者で、その処分を受けた日から5年を経過しないものは、社会保険労務士となる資格を有しない。

Q⑧ 事業主は、女性労働者が婚姻し、妊娠し、又は出産したことを退職理由として予定する定めをしてはならない。

Q⑨ 事業主は、労働者が、当該労働者が20歳に達した日の属する年度その他の介護休業に関する制度及び介護両立支援制度等の利用について労働者の理解と関心を深めるため介護休業に関する制度、介護両立支援制度等その他の厚生労働省令で定める事項を知らせるのに適切かつ効果的なものとして厚生労働省令で定める期間の始期に達したときは、厚生労働省令で定めるところにより、当該労働者に対して、当該期間内に、当該事項を知らせなければならない。

Q⑩ 都道府県労働局長は、短時間・有期雇用労働者の福祉の増進を図るため、短時間・有期雇用労働者の雇用管理の改善等の促進、職業能力の開発及び向上等に関する施策の基本となるべき方針を定めるものとされている。

Q⑪ 保険給付に関する処分（資格確認書の交付の求めに対する処分を含む。）又は保険料その他国民健康保険法の規定による徴収金に関する処分に不服がある者は、社会保険審査官に審査請求をすることができる。

Q⑫ 保険料その他国民健康保険法の規定による徴収金を徴収し、又はその還付を受ける権利及び保険給付を受ける権利は、これらを行使することができる時から5年を経過したときは、時効によって消滅する。

Q⑬ 高齢者医療確保法において、保険者は、加入者の高齢期における健康の保持のために必要な事業を積極的に推進するよう努めるとともに、高齢者医療制度の運営が健全かつ円滑に実施されるよう協力しなければならないとされて

いる。

Q⑭ 高齢者医療確保法により、国は、後期高齢者医療の事務（保険料の徴収の事務及び被保険者の便益の増進に寄与するものとして政令で定める事務を除く。）を処理するため、都道府県の区域ごとに当該区域内のすべての市町村が加入する広域連合を設けるものとされている。

Q⑮ 介護支援専門員証の有効期間は6年とされている。

Q⑯ 介護保険審査会は、各市町村に置くこととされている。

Q⑰ 確定給付企業年金法は、少子高齢化の進展、産業構造の変化等の社会経済情勢の変化にかんがみ、事業主が従業員と給付の内容を約し、高齢期において従業員がその内容に基づいた給付を受けることができるようにするため、確定給付企業年金について必要な事項を定め、国民の高齢期における所得の確保に係る自主的な努力を支援し、もって公的年金の給付と相まって国民の生活の安定と福祉の向上に寄与することを目的とする。

Q⑱ 企業年金連合会を設立するには、その会員となろうとする30以上の事業主等が発起人とならなければならない。

Q⑲ 企業型年金加入者の資格を取得した月にその資格を喪失した者は、その資格を取得した日にさかのぼって、企業型年金加入者でなかったものとみなされる。

Q⑳ 児童手当法において「児童」とは、18歳に達する日以後の最初の3月31日までの間にある者であって、日本国内に住所を有するもの又は留学その他の内閣府令で定める理由により日本国内に住所を有しないものをいう。

◇◇◇◇◇◇◇◇◇◇◇◇◇◇◇◇◇◇◇◇◇◇ **正解と根拠** ◇◇◇◇◇◇◇◇◇◇◇◇◇◇◇◇◇◇◇◇◇◇

① 〇〈職業安定法第20条1項〉中立の立場を維持するための規定である。 ② ×〈労働者派遣法第5条1項〉厚生労働大臣の「許可」を受けなければならない。 ③ ×〈高年齢者雇用安定法第20条1項〉やむを得ない理由により一定の年齢（「65歳以下」のものに限る。）を下回ることを条件とするときは、当該理由を示さなければならない。 ④ 〇〈障害者雇用促進法第6条〉「努めなければならない」と、努力義務であることに注意。 ⑤ 〇〈労働契約法第3条1項〉対等の立場における合意に基づいて締結・変更すべきものとされている。 ⑥ ×〈社会保険労務士法第2条の2第1項〉「補佐人」として、弁護士である訴訟代理人とともに出頭し、陳述をすることができる。 ⑦ ×〈社会保険労務士法第5条3号〉懲戒処分により社会保険労務士の失格処分を受けた者で、その処分を受けた日から「3年」を経過しないものは、社会保険労務士となる資格を有しない。 ⑧ 〇〈男女雇用機会均等法第9条1項〉婚姻・妊娠等を退職理由とする定めをしてはならない。 ⑨ ×〈育児介護休業法第21条3項〉労働者が「40歳」に達した日の属する年度その他の定める期間の始期に達したときは、当該期間内に知らせなければならない。 ⑩ ×〈パートタイム・有期雇用労働法第5条1項〉「厚生労働大臣」が定めるものとされている。 ⑪ ×〈国民健康保険法第91条1項〉「国民健康保険審査会」に審査請求をすることができる。 ⑫ ×〈国民健康保険法第110条1項〉「2年」を経過したときは、時効によって消滅する。 ⑬ 〇〈高齢者医療確保法第5条〉保険者の責務の規定である。 ⑭ ×〈高齢者医療確保法第48条〉「市町村」が設問の広域連合（後期高齢者医療広域連合）を設けるものとされている。 ⑮ ×〈介護保険法第69条の7第3項〉介護支援専門員証の有効期間は、「5年」とされている。 ⑯ ×〈介護保険法第184条〉介護保険審査会は、「各都道府県」に置くこととされている。 ⑰ 〇〈確定給付企業年金法第1条〉確定給付企業年金法の目的条文である。 ⑱ ×〈確定給付企業年金法第91条の5〉企業年金連合会を設立するには、その会員となろうとする「20以上」の事業主等が発起人とならなければならない。 ⑲ 〇〈確定拠出年金法第12条〉資格を取得した日にさかのぼって、企業型年金加入者でなかったものとみなすこととされている。 ⑳ 〇〈児童手当法第3条1項〉児童手当法における児童の定義である。

科目別 論点確認一問一答 20 ⑤
健康保険法

クレアール　斎藤 正美

問題

Q① 全国健康保険協会が管掌する健康保険の事業に関する業務のうち、被保険者の資格の取得及び喪失の確認、標準報酬月額及び標準賞与額の決定並びに保険料の徴収（任意継続被保険者に係るものを除く。）並びにこれらに附帯する業務は、厚生労働大臣が行う。

Q② 適用事業所の事業主は、共同して健康保険組合を設立することができるが、この場合において、被保険者の数は、合算して常時700人以上でなければならない。

Q③ 健康保険組合は、ⓐ組合会議員の定数の3分の2以上の多数による組合会の議決、ⓑ健康保険組合の事業の継続の不能、ⓒ厚生労働大臣による解散の命令、のいずれかの理由により解散する。

Q④ 適用事業所以外の事業所の事業主は、当該事業所に使用される被保険者となるべき者の2分の1以上が健康保険への加入を希望した場合であっても、任意適用事業所の認可を申請する義務はない。

Q⑤ 任意継続被保険者が後期高齢者医療の被保険者となったときは、その翌日に任意継続被保険者の資格を喪失する。

Q⑥ 4月に遡って昇給が行われ、その昇給による差額給与が6月に支払われた場合、随時改定の算定の対象になるのは、4月、5月及び6月の3カ月間の報酬月額であり、当該昇給により標準報酬月額に2等級以上の差が生じたときは、7月より標準報酬月額が改定される。

Q⑦ 固定的賃金の変動があったことにより6月に標準報酬月額が随時改定された被保険者については、その年についての定時決定は行われず、その後固定的賃金が変動しない限り、その随時改定された標準報酬月額が翌年の8月までの標準報酬月額となる。

Q⑧ 前月から引き続き被保険者であり、12月10日にその年度で初めての賞与として50万円を支給された者が、同月20日に退職した。この場合、事業主は、当該賞与に係る保険料を納付する義務はないが、賞与支払届は提出しなければならない。

Q⑨ 健康保険組合の開設する病院若しくは診療所又は薬局は、保険医療機関又は保険薬局としての指定を受けていなくても、その健康保険組合の組合員に対して、療養の給付を行うことができる。

Q⑩ 厚生労働大臣が定める方法により計算した入院期間が90日を超えた日以後の入院及びその療養に伴う世話その他の看護（厚生労働大臣が定める状態等にある者の入院及びその療養に伴う世話その他の看護を除く。）は、選定療養とされる。

Q⑪ 保険医が開設する病床を有する診療所であって、保険医療機関の指定を受けた日からおおむね引き続き当該開設者である保険医のみが診療に従事しているものについては、その指定の効力を失う日前6カ月から同日前3カ月までの間に、別段の申出がないときは、保険医療機関の指定の申請があったものとみなされる。

Q⑫ 厚生労働大臣は、保険医又は保険薬剤師、保険医療機関又は保険薬局の責務に関する厚生労働省令を定めようとするときは、社会保障審議会に諮問しなければならない。

Q⑬ 保険医療機関に入院している被保険者について、点滴による栄養補給のみが行われた場合、食事療養標準負担額は1日3食として算定される。

Q⑭ 現に海外にある被保険者からの療養費の支

給申請は、原則として、事業主等を経由して行わせるものとし、その支給決定日の外国為替換算率を用いて算定した療養費を保険者が直接当該被保険者に送金することになっている。

Q⑮ 訪問看護療養費に係る訪問看護を実施する者には、医師、歯科医師又は看護師のほか、保健師、助産師、准看護師、理学療法士、作業療法士及び言語聴覚士が含まれている。

Q⑯ 移送費の額は、最も経済的な通常の経路及び方法で移送されたときの費用により算定された額の100分の70とされている。ただし、現に移送に要した費用の額を超えることはできない。

Q⑰ 被保険者の資格、標準報酬又は保険給付に関する処分の取消しの訴えは、当該処分についての再審査請求に対する社会保険審査会の裁決を経た後でなければ、提起することができない。

Q⑱ 出産手当金を受ける権利は、出産した日の翌日から起算して2年を経過したときは、時効によって消滅する。

Q⑲ 被保険者は、65歳に達したことにより介護保険第2号被保険者に該当しなくなったときは、遅滞なく、所定の事項を記載した届書を事業主を経由して厚生労働大臣又は健康保険組合に届け出なければならない。

Q⑳ 事業主は、健康保険に関する書類を、その完結の日より3年間、保存しなければならない。

◇◇◇◇◇◇◇◇◇◇◇◇◇◇◇◇◇◇◇◇◇◇ **正解と根拠** ◇◇◇◇◇◇◇◇◇◇◇◇◇◇◇◇◇◇◇◇◇◇

① ○〈法第5条2項〉　② ×〈法第11条2項、令1条の3第2項〉「700人以上」ではなく「3,000人以上」である。なお、1または2以上の適用事業所について常時700人以上の被保険者を使用する事業主は、当該1または2以上の適用事業所について、健康保険組合を設立することができるとされている。　③ ×〈法第26条1項〉「ⓐ組合会議員の定数の3分の2以上の多数による組合会の議決」ではなく「ⓐ組合会議員の定数の4分の3以上の多数による組合会の議決」である。
④ ○〈法第3条3項、第31条〉　⑤ ×〈法第38条6号〉「その翌日」ではなく、「その日」に任意継続被保険者の資格を喪失する。　⑥ ×〈法第43条1項、平15.2.25保発0225004号・庁保険発3号〉昇給のあった月とは、現実に昇給額等が支払われた月をいうので、4月に遡って昇給が行われ、6月に昇給差額分が支払われた場合、「9月」から標準報酬月額が改定される。　⑦ ×〈法第43条2項〉6月に随時改定が行われた場合には、その年の定時決定の対象となるので、その標準報酬月額は、「その年」の8月までの標準報酬月額となる。　⑧ ○〈法第156条3項、第161条2項〉設問のとおり。被保険者である間に支払われた賞与は、標準賞与額として決定し、年度の累計額に含めることとされているため、事業主は賞与支払届を提出しなければならない。
⑨ ○〈法第63条3項3号、昭32.9.2保険発123号〉　⑩ ×〈法第86条1項、平18.9.12厚労告495号〉入院期間が「180日」を超えた日以後の入院およびその療養に伴う世話その他の看護が選定療養とされる。　⑪ ×〈法第68条2項〉「病院」または「病床を有する診療所」については、設問の取扱いは適用されない。　⑫ ×〈法第82条1項〉「社会保障審議会」ではなく「中央社会保険医療協議会」である。　⑬ ×〈法第85条1項、平18.3.6厚労告92号〉点滴による栄養補給は「療養の給付」に要する費用の算定対象となるため、入院時食事療養費に係る食事療養標準負担額は算定されない。　⑭ ×〈第87条2項、昭56.2.25保険発10号・庁保険発2号〉療養費の受領は事業主が代理して行うものとし、保険者から国外への送金は行わない。なお、それ以外の記述は正しい。
⑮ ×〈法第88条1項、則68条〉訪問看護を行う者に、「医師・歯科医師」は含まれていない。
⑯ ×〈法第97条1項、則80条〉移送費に定率の自己負担はない。　⑰ ×〈法第192条〉被保険者の資格、標準報酬または保険給付に関する処分の取消しの訴えは、当該処分についての「審査請求」に対する「社会保険審査官」の「決定」を経た後でなければ、提起することができない。
⑱ ×〈法第193条1項〉「出産した日の翌日」ではなく「労務に服さなかった日ごとにその翌日」である。　⑲ ×〈則40条1項〉65歳に達したことにより介護保険第2号被保険者に該当しなくなったときは、届出は不要である。なお、40歳に達したことにより、介護保険第2号被保険者に該当したときも、届出は不要である。　⑳ ×〈則34条〉「3年間」ではなく「2年間」である。

科目別 論点確認一問一答 20 ⑥
厚生年金保険法

TAC　岡根 一雄

=== 問　題 ===

Q① 2以上の適用事業所（船舶を除く。）の事業主が同一である場合には、当該事業主は、厚生労働大臣の認可を受けて、当該2以上の事業所を一の適用事業所とすることができる。この認可があったときは、当該2以上の適用事業所は、適用事業所でなくなったものとみなされる。

Q② 高齢任意加入被保険者に係る保険料の半額負担及び全額納付の義務を負うことにつき同意をしている事業主が当該保険料を滞納した場合であっても、高齢任意加入被保険者の被保険者資格に影響はない。

Q③ 第2号厚生年金被保険者、第3号厚生年金被保険者及び第4号厚生年金被保険者の資格の取得及び喪失については、各実施機関において把握、管理されるため、厚生労働大臣による確認は行われない。

Q④ 60歳以上の者で、退職後一日の空白もなく引き続き再雇用されるものについては、使用関係が一旦中断したものとみなし、事業主から被保険者資格喪失届及び被保険者資格取得届を提出させる取扱いとして差し支えないこととされている。

Q⑤ 国庫は、毎年度、厚生年金保険の実施者たる政府が負担する基礎年金拠出金の額の3分の1に相当する額を負担する。

Q⑥ 同時に2以上の適用事業所で報酬を受ける厚生年金保険の被保険者について標準報酬月額を算定する場合においては、事業所ごとに報酬月額を算定し、その算定した額の平均額をその者の報酬月額とする。

Q⑦ 育児休業を取得している被保険者について、その育児休業を開始した日の属する月とその育児休業が終了する日の翌日が属する月とが同一であり、かつ、当該月における育児休業の日数として厚生労働省令で定めるところにより計算した日数が15日以上である場合に限り、その月の標準報酬月額に係る保険料の徴収は行わない。

Q⑧ 被保険者が老齢厚生年金の受給権を取得した当時、加給年金額の対象となる配偶者はいたが、当該老齢厚生年金の額の計算の基礎となる被保険者期間の月数が240未満であったため加給年金額が加算されなかったときは、その後、被保険者期間が240以上となっても、当該配偶者に係る加給年金額が加算されることはない。

Q⑨ 老齢厚生年金における加給年金額の加算対象となっている配偶者が、障害等級2級の障害厚生年金及び障害基礎年金を受給している間は、当該加給年金額は支給停止されるが、障害等級3級の障害厚生年金を受給している場合は、支給停止されることはない。

Q⑩ 2以上の種別の被保険者であった期間を有する者に係る加給年金額の加算要件（老齢厚生年金の額の計算の基礎となる被保険者期間の月数が240以上であること）の判定については、2以上の種別の被保険者であった期間に係る被保険者期間を合算する。

Q⑪ 老齢厚生年金の支給繰上げの請求日以後の被保険者期間を有する者が65歳に達したときは、65歳に達した日の属する月前における被保険者であった期間を年金額の計算の基礎とするものとし、65歳に達した日の属する月の翌月から、年金額を改定する。

Q⑫ 障害厚生年金は、傷病の初診日において、厚生年金保険の被保険者でなかった者に支給されることはない。

Q⑬　障害厚生年金の額については、老齢厚生年金の額のように、在職定時改定及び退職改定は行われない。

Q⑭　障害厚生年金は、傷病が治っていなくても、所定の要件を満たせば支給されるが、障害手当金は、傷病が治っていないときに支給されることはない。

Q⑮　死亡した被保険者又は被保険者であった者が、いわゆる短期要件に該当し、かつ、いわゆる長期要件にも該当するときは、その遺族が遺族厚生年金を請求したときに別段の申出をした場合を除き、長期要件のみに該当し、短期要件には該当しないものとみなされる。

Q⑯　父母は、配偶者又は子が、孫は、配偶者、子又は父母が、祖父母は、配偶者、子、父母又は孫が遺族厚生年金の受給権を取得したときは、それぞれ遺族厚生年金を受けることができる遺族としない。

Q⑰　遺族厚生年金の受給権者である妻が実家に復籍して姓も婚姻前に戻した場合であっても、遺族厚生年金の失権事由である離縁による親族関係の終了には該当しないので、その受給権は消滅しない。

Q⑱　被保険者が、故意の犯罪行為により障害の原因となった事故を生ぜしめたときは、障害厚生年金は支給されない。

Q⑲　離婚時の年金分割において、被保険者期間について300月の最低保障の規定が適用されている障害厚生年金については、離婚時みなし被保険者期間及び被扶養配偶者みなし被保険者期間は、その額の計算の基礎としない。

Q⑳　3号分割の規定によって標準報酬が改定又は決定された被保険者が、老齢厚生年金の受給権者である場合において、いわゆる在職老齢年金の仕組みが適用されるときは、改定前の標準賞与額を基礎として総報酬月額相当額を算定し、支給停止基準額を計算する。

◇◇◇◇◇◇◇◇◇◇◇◇◇◇◇◇◇◇◇◇　**正解と根拠**　◇◇◇◇◇◇◇◇◇◇◇◇◇◇◇◇◇◇◇◇

①　×〈法第8条の2〉厚生労働大臣の「認可」ではなく、承認である。　②　○〈法附4条の3第6項〉　③　○〈法第18条4項〉　④　○〈平25.1.25保保発0125第1号〉　⑤　×〈法第80条1項〉「3分の1」ではなく2分の1である。　⑥　×〈法第24条2項〉各適用事業所について、定時決定等の規定によって算定した額の合算額を、その者の報酬月額とする。　⑦　×〈法第81条の2、則25条の2第5項〉「15日以上」ではなく14日以上である。　⑧　×〈法第44条1項〉老齢厚生年金の額の計算の基礎となる被保険者期間の月数が、いわゆる在職定時改定または退職改定の規定により240以上となるに至った当時加給年金額の対象となる配偶者がいるときは、当該老齢厚生年金に加給年金額が加算される。　⑨　×〈法第46条6項、令3条の7第1号〉加給年金額の加算対象となっている者が、障害等級3級の障害厚生年金を受給している場合も、当該加給年額は支給停止される。　⑩　○〈法第78条の27〉　⑪　○〈法附則7条の3第5項〉　⑫　○〈法第47条〉　⑬　○〈法第51条〉　⑭　○〈法第55条1項〉　⑮　×〈法第58条2項〉後段の「長期要件」と「短期要件」を入れ替えれば正しい記述となる。　⑯　○〈法第59条2項〉　⑰　○〈法第63条1項4号、昭32.2.9保文発9485号〉　⑱　×〈法第73条の2〉設問の場合は、障害厚生年金（保険給付）の全部または一部を行わないことができると規定されている。　⑲　○〈法第78条の10第2項、第78条の18第2項〉　⑳　○〈法第78条の19、平16法附則50条〉

科目別 論点確認一問一答 20 ⑦

国民年金法

ワイ＆ワイ カレッジ　小川 泰弘

=== 問　題 ===

Q① 政府は、少なくとも5年ごとに、保険料及び国庫負担の額並びに国民年金法による給付に要する費用の額その他の国民年金事業の財政に係る収支について、その現況及び財政均衡期間における見通し（以下「財政の現況及び見通し」という。）を作成しなければならないが、財政均衡期間は、財政の現況及び見通しが作成される年以降おおむね10年間とする。

Q② 国民年金法において、政府及び実施機関とは、厚生年金保険の実施者たる政府及び実施機関たる共済組合等をいい、実施機関たる共済組合等とは、厚生年金保険の実施機関たる国家公務員共済組合連合会、地方公務員共済組合連合会、日本私立学校振興・共済事業団又は国民年金基金連合会をいう。

Q③ 日本国内に住所を有する20歳以上60歳未満の者であって、第2号被保険者及び第3号被保険者のいずれにも該当しないもの（厚生年金保険法に基づく老齢給付等を受けることができる者その他国民年金法の適用を除外すべき特別の理由がある者として厚生労働省令で定める者を除く。）は、国民年金の第1号被保険者となる。

Q④ 任意加入被保険者の要件を満たす者が任意加入の申出を行おうとするときは、保険料の口座振替納付を希望する旨又は口座振替納付によらない正当な事由がある旨の申出を厚生労働大臣にしなければならない。

Q⑤ 第3号被保険者又は第3号被保険者であった者は、平成17年4月1日以後のその者の第3号被保険者としての被保険者期間のうち、届出が遅延したために保険料納付済期間に算入されない期間について、やむを得ない事由があると認めるときは、厚生労働大臣にその旨の届出をすることができ、当該届出が行われたときは、届出が行われた日以後、届出に係る期間は、保険料納付済期間に算入される。

Q⑥ 厚生労働大臣は、初めて被保険者の資格を取得した者や受給権者となった者に対し、基礎年金番号通知書を作成して交付しなければならないが、過去にこの規定により基礎年金番号通知書を交付した者に対しては、新たな基礎年金番号を付番した上で交付しなければならない。

Q⑦ 厚生労働大臣は、国民年金原簿の訂正請求に理由があると認めるときは、当該訂正請求に係る訂正をする旨を決定しなければならず、それ以外の場合は、訂正をしない旨を決定しなければならない。

Q⑧ 給付を受ける権利は、その権利を有する者（受給権者）の請求に基づいて、実施機関が裁定する。

Q⑨ 年金給付（その全額につき支給を停止されている年金給付を除く。）は、その受給権者の申出により、その全部又は一部の支給を停止する。

Q⑩ 老齢基礎年金の受給権者が、障害基礎年金又は障害厚生年金等（その全額につき支給を停止されているものを除く。）を受けることができるときは、その間、振替加算に相当する部分の支給を停止する。

Q⑪ 支給繰上げにより支給される老齢基礎年金の額は、本来の老齢基礎年金の額の規定によって計算した額から、その額に減額率を乗じて得た額を減額した額となるが、減額率とは、1,000分の4に当該年金の支給の繰上げを請求した日の属する月の翌月から65歳に達する日の属する月までの月数を乗じて得た率をいう。

Q⑫ 「障害基礎年金の受給権者によって生計を維持している子」とは、当該障害基礎年金の受給権者と生計を同じくする者であって、年額130万円未満の収入を有すると認められる者その他これに準ずる者として厚生労働大臣が定める者とされている。

Q⑬　障害基礎年金の受給権者に対して更に別の障害基礎年金を支給すべき事由が生じたときは、前後の障害を併合した障害の程度による障害基礎年金が支給されるが、障害基礎年金の受給権者が当該前後の障害を併合した障害の程度による障害基礎年金の受給権を取得したときは、従前の障害基礎年金の受給権は、消滅する。

Q⑭　障害基礎年金は、受給権者が障害等級に該当する程度の障害の状態に該当しなくなったときは、その受給権は消滅する。

Q⑮　被保険者であった者であって、日本国内に住所を有し、かつ、60歳以上65歳未満であるものが死亡したときは、遺族基礎年金は、その者の配偶者又は子に支給される。なお、保険料納付要件は満たしているものとする。

Q⑯　配偶者が遺族基礎年金の受給権を取得した当時胎児であった子が生まれたときは、その受給権を取得した当時にさかのぼって、遺族基礎年金の額が改定される。

Q⑰　遺族基礎年金の受給権を有する子が2人以上ある場合において、その子のうち1人以上の子の所在が1年以上明らかでないときは、その子に対する遺族基礎年金は、他の子の申請によって、その所在が明らかでなくなった時にさかのぼって、その支給が停止されるが、支給を停止された子は、いつでも、その支給の停止の解除を申請することができる。

Q⑱　脱退一時金に関する処分に不服がある者は、社会保険審査官に対して審査請求をすることができる。

Q⑲　被保険者は、厚生労働大臣に対し、被保険者の保険料を立て替えて納付する事務を適正かつ確実に実施することができると認められる者であって、政令で定める要件に該当する者として厚生労働大臣が指定するもの（指定代理納付者）から付与される番号、記号その他の符号を通知することにより、当該指定代理納付者をして当該被保険者の保険料を立て替えて納付させることを希望する旨の申出をすることができる。

Q⑳　国民年金基金は、代議員会の出席者数の4分の3以上の多数による代議員会の議決、基金の事業の継続の不能又は厚生労働大臣による解散の命令により解散する。

◇◇◇◇◇◇◇◇◇◇◇◇◇◇◇◇◇◇◇◇　**正解と根拠**　◇◇◇◇◇◇◇◇◇◇◇◇◇◇◇◇◇◇◇◇

①　×〈法第4条の3第1項・2項〉「おおむね10年間」ではなく「おおむね100年間」である。
②　×〈法第5条8項・9項〉　実施機関たる共済組合等に国民年金基金連合会は含まれていない。
③　○〈法第7条1項1号〉　　④　×〈法附則5条2項〉　設問の申出は、日本国内に住所を有する者が、国民年金へ任意加入の申出を行おうとするときにのみ対象となり、日本国内に住所を有しない者には適用されない。　　⑤　○〈法附則7条の3〉　　⑥　×〈則10条〉　既にこの規定により基礎年金番号通知書を交付した者に対しては、交付することを要しない。　　⑦　○〈法第14条の4第1項・2項〉　　⑧　×〈法第16条〉「実施機関」ではなく「厚生労働大臣」である。
⑨　×〈法第20条の2第1項〉「全部又は一部の支給を停止する」ではなく「全額の支給を停止する」である。　　⑩　○〈昭60法附則16条〉　　⑪　×〈法附則9条の2第4項、令12条1項〉「請求した日の属する月の翌月から65歳に達する日の属する月までの月数」ではなく「請求した日の属する月から65歳に達する日の属する月の前月までの月数」である。　　⑫　×〈令4条の7第1項ほか〉「年額130万円未満の収入を有すると認められる者」ではなく「年額850万円以上の収入を有すると認められる者以外のもの」である。　　⑬　○〈法第31条〉　　⑭　×〈法第36条2項〉　設問の場合は、受給権は消滅せず、その障害の状態に該当しない間、その支給が停止される。　　⑮　○〈法第37条〉　　⑯　×〈法第39条2項〉　設問の場合は、その生まれた日の属する月の翌月から、遺族基礎年金の額が改定される。　　⑰　○〈法第42条1項・2項〉　　⑱　×〈法附則9条の3の2第5項〉「社会保険審査官」ではなく「社会保険審査会」である。　　⑲　○〈法第92条の2の2第1項〉　　⑳　×〈法第135条〉「代議員会の出席者数の4分の3以上」ではなく「代議員の定数の4分の3以上」である。

完全模擬問題 配点及び正答一覧

1 配点

① 選択式試験は、各問1点とし、1科目5点満点、合計40点満点とする。
② 択一式試験は、各問1点とし、1科目10点満点、合計70点満点とする。

2 完全模擬問題の正答

試験科目	出題形式 選択式 A	B	C	D	E	択一式 1	2	3	4	5	6	7	8	9	10
労働基準法及び労働安全衛生法	⑮	⑧	⑫	⑱	②	E	D	E	C	E	D	A	D	B	E
労働者災害補償保険法（労働保険の保険料の徴収等に関する法律を含む。）	②	④	②	④	①	D	C	B	B	E	C	E	D	E	D
雇用保険法（労働保険の保険料の徴収等に関する法律を含む。）	⑭	②	⑰	⑮	⑫	C	B	B	D	D	E	C	C	B	E
労務管理その他の労働及び社会保険に関する一般常識／労務管理その他の労働に関する一般常識	⑦	⑲	⑯	⑨	②	D	D	B	C	D					
労務管理その他の労働及び社会保険に関する一般常識／社会保険に関する一般常識	⑫	⑳	⑤	⑯	⑩						C	E	D	E	C
健康保険法	⑩	⑬	⑤	③	⑱	C	A	B	D	E	B	E	D	C	C
厚生年金保険法	⑫	⑧	③	⑮	⑳	C	B	D	C	D	A	D	C	E	A
国民年金法	⑦	⑰	⑬	⑮	③	E	A	E	B	E	E	C	B	A	C

別冊 模擬問題
講評と合格ライン
～本番に向けたアドバイス～

クレアール　斎藤 正美

受験生の皆様お疲れ様でした。

初めて受験される方にとっては、本試験を疑似体験する格好の機会になったのではないでしょうか。また、再受験の方には、問題を解く感覚を思い出す良い機会になったのではないでしょうか。

それでは、今回の模擬問題について、択一式と選択式の合格ラインを考えてみます。

❖ 選択式

「労働基準法・労働安全衛生法」、「雇用保険法」、「社会保険に関する一般常識」「健康保険法」、「厚生年金保険法」、「国民年金法」は、確実に3点は確保できる問題でした。「労災保険法」、「労務管理その他の労働に関する一般常識」は2点以下の方が多いと思います。

❖ 択一式

「労災保険法」、「厚生年金保険法」は、易しい問題が多く得点源にしたい科目（各8点が目標）です。「労働基準法・労働安全衛生法」は、一部判断に迷う問題もありますが、6点は取れる問題です。「一般常識」は、問1（労働経済）は難しかったと思いますが、社一の5問が基本的な問題であったため、6点は取りたいところです。

「健康保険法」は標準レベルの問題、「雇用保険法」、「国民年金法」はやや難しいレベルの問題でした。

今回の模擬問題では、「個数問題」が8問、「組合せ問題」が6問と、令和6年度の本試験（個数問題は6問、組合せ問題は10問）と比較して、組合せ問題が若干少なくなっています。なお、「個数問題」は、1肢でも正誤が判断できなければ、得点に結びつかないため、正答率が下がります。

さて、上記を踏まえ、近年の本試験の合格基準に照らし合わせると、今回の模擬問題における合格ラインは、下記のようになります。

> ### ❖ 選択式
> 総得点26点以上かつ各科目3点以上（ただし、労務管理その他の労働に関する一般常識は2点以上）
> ### ❖ 択一式
> 総得点46点以上かつ各科目4点以上

得点は良いに越したことはありませんが、本試験で合格レベルに達すれば良いのです。現時点では、得点に一喜一憂する必要はありません。

科目ごとの講評等

① 労働基準法および労働安全衛生法

選択式は、いずれも基本的な内容です。間違えた問題があった方は、確実に押さえておきましょう。

択一式は、問3、問5はやや難しい問題でしたが、それ以外は基本的な問題です。

② 労災保険法（徴収法を含む）

選択式は、AとBを逆に入れてしまった方がいるのではないでしょうか。Eは文脈から正解できた方も多いと思われますが、なかなか難しい問題です。

択一式は、いずれも基本的な問題でした。

③ 雇用保険法（徴収法を含む）

選択式は、基本的な問題です。なお、Bは

今年度の法改正項目です。間違えた方は、この機会に確実に押さえておきましょう。

択一式は、全体として難しい問題です。問4（被保険者資格取得届に関する問題）は実務的な問題で、正解できなくても構いません。問5、問6、問8もやや難しい問題でした。

④ 労務管理その他の労働に関する一般常識

選択式は、Aは昨年度（令和6年度）の法改正項目、B・Eは今年度（令和7年度）の法改正項目です。特にBを間違えた方は、この機会に確実に押さえてしまいましょう。

択一式は、問1（「就労条件総合調査」からの出題）ではA・B・Eは押さえていても、CとDのうちどちらが誤っているのかを選ばなければならないため、正解できなかった方も多いのではないでしょうか。「就労条件総合調査」は、労働統計資料としては頻出です。労働経済まで手が回っていない方は、この機会に、「約○割」「約□％」として押さえましょう。

⑤ 社会保険に関する一般常識

選択式は、いずれも基本的な問題です。A・Bは、児童手当法の目的条文です。確実に正解できるようにしておきましょう。

択一式も、すべて基本的な易しい問題です。

⑥ 健康保険法

選択式は、Cで「383」万円と「520」万円で迷われた方がいるかもしれませんが、被扶養者が67歳である（70歳以上ではない）ため、被保険者の収入が「383」万円未満の場合となります。また、Eで「4分の3」と「3分の2」で迷われた方がいると思います。この機会に、整理しておくことをお勧めします。

択一式は、問3（個数問題）、問4、問5、問6（BとD）、問7、問8は、やや難しい問題です。

⑦ 厚生年金保険法

選択式は、基本的な内容です。すべて正解できる問題です。

択一式も、ほとんどが標準から易しいレベルの問題です。なお、問3のDは、今年度の法改正項目です。

⑧ 国民年金法

選択式は、C以外は基本的な問題です。

択一式は、問1のA・Bについては、「国民年金法第30条の4の障害基礎年金」が「いわゆる20歳前の傷病による障害に基づく障害基礎年金」のことであるとわからなければ、正誤の判断ができないので難問です。問3（個数問題）、問4もやや難問です。問8（個数問題）も、オの正誤判断によって正しいものの数が変わるのでやっかいな問題です。

受験生へのアドバイス

（特に今回が初めての受験で）合格ラインに届かなかったは、下記のように考えてください。

① 択一式は、時間配分が重要です。70問を210分で解答するためには、1問あたり3分、1問につき5肢ありますから、1肢あたり約30秒です。時間が足りなくなってしまった方は、時間を意識して問題文を速く読む訓練をしておきましょう。

② 「間違えたのが本試験じゃなくて良かった」「本試験で出題されたら絶対に間違えない」このようにプラス思考で考えましょう。

皆様の『合格』を祈念しております。

2025年度社会保険労務士試験
[解説付] 完全模擬問題
選択式問題　解答・解説

※択一式問題の解答・解説は26～46ページ
※【　】内は、関連する解説が掲載されている社労士V 2024年9月号～2025年5月号の参照ページです（例：SV⑨P.21＝社労士V 2024年9月号21ページ）。

〔問1〕　労働基準法及び労働安全衛生法

正　解

A　⑮　付加金
B　⑧　裁判所がその支払を命ずる
C　⑫　同居の親族のみを使用する事業及び家事使用人
D　⑱　労働衛生指導医
E　②　臨時の健康診断の実施その他必要な事項を指示

根拠規定

最判第2小昭35.3.11細谷服装事件、労基法第116条2項、安衛法第66条4項

解　説

裁判所は、解雇予告手当等を使用者が支払わなかった場合、労働者の請求により、付加金の支払を命ずることができる。労働基準法は、同居の親族のみを使用する事業及び家事使用人については適用しない。労働衛生指導医も重要出題事項である。【SV⑨P.52、23、63】

〔問2〕　労働者災害補償保険法

正　解

A　②　特定受託
B　④　業務委託
C　②　通勤災害についても労災保険の対象とし、通勤災害の認定については、労働者の場合に準ずる
D　④　迅速かつ公正
E　①　早期に確定

根拠規定

則46条の17第12号、令6.4.26基発0426第2号、最判第一小令6.7.4あんしん財団（労災認定取消請求）事件

解　説

A～Cは、令和6年11月1日施行の改正点、DとEは令和6年4月26日の最高裁判例からの出題。

Eは難しいと思われるが、それ以外の空欄（A～D）のうち、3つは埋めたいところである。

なお、取り上げた最高裁判例を簡単にいえば、「労働者の傷病などを国が労災認定したことについて、メリット制により保険料負担が増えることになるとしても、事業主は不服を申し立てることはできない」というもの。その理由が述べられているのが、設問の部分である。【SV⑩P.52、66、68】

〔問3〕　雇用保険法

正　解

A　⑭　75
B　②　10
C　⑰　祖父母、兄弟姉妹及び孫
D　⑮　80
E　⑫　67

根拠規定

法第61条1項、第61条5項、第61条の4第1項、則101条の17、法第61条の8第4項、行政手引59502

解　説

雇用継続給付および育児休業給付に関する問題。育児休業給付は以前は雇用継続給付に含まれていたため、大きく「雇用継続給付に

関する問題」とも認識できる。雇用継続給付関連は、設問のとおり、数字が多いので要注意。各々の制度の趣旨を押さえた上で、数字はきちんと記憶したい。

なお、「完全な賃金月」とは、算定対象期間が「丸々1カ月ある期間」を指す。例えば、3月1日～3月31日だけではなく、3月16日から4月15日なども該当する。【SV⑪P.48、50、52】

〔問4〕 労務管理その他の労働に関する一般常識

正 解
A ⑦ 毎年8月31日まで
B ⑲ 9歳に達する日以後の最初の3月31日
C ⑯ 10労働日
D ⑨ 疾病の予防
E ② 学校の休業

根拠規定
職業安定法第43条の5、育児介護休業法第16条の2第1項ほか

解 説
1は、特定募集情報等提供事業者に係る事業概況報告書の提出に関する問題である。いわゆる求人メディア（特定募集情報等提供事業者）について届出制とし、報告等を通じて事業の概況を把握することとしている。

2は、育児介護休業法に規定されている「子の看護等休暇」に関する問題である。子の看護等休暇の規定について、令和7年4月に、対象となる子の拡充（9歳年度末までに拡充）、該当事由の拡充（学校の休業、入学式等の行事への参加等が対象に加わったこと）などの改正が行われている。改正点であるので、要注意。【SV⑤P.21、39】

〔問5〕 社会保険に関する一般常識

正 解
A ⑫ 父母その他の保護者
B ⑳ 生活の安定
C ⑤ 都道府県知事の認可
D ⑯ 15人以上
E ⑩ 300人以上の同意

根拠規定
児童手当法第1条、国民健康保険法第13条1項・2項、第17条1項・2項

解 説
1は、児童手当法の目的条文（第1条）である。目的条文は、法律を問わず、また出題形式を問わず、選択式でも択一式でも度々問われている。各法律の目的条文は必ず押さえておくこと。「父母その他の保護者」が第一義的責任を有することとされている。「第一義的責任」という文言にも注意すること。

2は、国民健康保険組合に関する出題である。択一式でよく問われている事項であるが、選択式対策としても要注意である。数字要件等（15人以上の発起人、300人以上の同意）および「都道府県知事の認可」であることを押さえておくこと。

〔問6〕 健康保険法
A ⑩ 2年
B ⑬ 5年
C ⑤ 383
D ③ 5
E ⑱ 3分の2

根拠規定
法第160条5項、第74条1項、令34条、法附則3条の2、令25条の2

解 説
A・Bに関連して、下記の「都道府県単位保険料率の財政調整」についても確認しておきたい。

全国健康保険協会（「協会」）は、支部被保険者およびその被扶養者の 年齢階級別の分布状況 と協会が管掌する健康保険の被保険者およびその被扶養者の 年齢階級別の分布状況 との差異によって生ずる療養の給付等に要する費用の額の負担の不均衡ならびに支部被保険者の 総報酬額の平均額 と協会が管掌する健康保険の被保険者の 総報酬額の平均額 との差異によって生ずる財政力の不均衡を是正するため、政令で定めるところにより、支部被保険者を単位とする健康保険の財政の調整を行うものとする（法第160条4項）。

Cについて、70歳以上の被扶養者がいる場合は、被保険者と被扶養者の収入を合わせて算定し、その額が520万円未満となる。【SV①P.55、39、26】

〔問7〕 厚生年金保険法

正 解

A ⑫ 労働者及びその遺族の生活の安定

B ⑧ 国民の生活水準、賃金

C ③ 令和6年9月から令和7年8月

D ⑮ 翌月の初日

E ⑳ 5年

根拠規定

法第1条、第2条の2　第58条1項2号、昭60法附則64条2項、法第92条2項

解 説

問題文3の甲は、被保険者の資格を喪失した後に、被保険者であった間に初診日がある傷病により当該初診日から起算して5年を経過する日前に死亡しており、原則の保険料納付要件を満たしていなくても特例（経過措置）による保険料納付要件（死亡日の属する月の前々月までの1年間のうちに未納期間がないこと）を満たす場合には、遺族厚生年金の支給対象となる。【SV③P.40、41、SV④P.40、55】

〔問8〕 国民年金法

正 解

A ⑦ 財務大臣

B ⑰ 出産予定日

C ⑬ これを提示

D ⑮ 日本国内に住所

E ③ 10月から翌年の9月

根拠規定

法第109条の5、第106条、第36条の2、第36条の3

解 説

空欄Aは、財務大臣への権限の委任からの出題である。納付義務者が13月分以上の保険料を滞納している場合などに委任することができることとされている。空欄B、Cは、被保険者に関する調査からの出題である。日頃の学習では読み流してしまいがちな条文であるため注意が必要。空欄D、Eは、20歳前傷病による障害基礎年金にのみ適用される支給停止である。【SV②P.51】

2025年度社会保険労務士試験
［解説付］完全模擬問題
択一式問題　解答・解説

※選択式問題の解答・解説は23〜25ページ
※【　　】内は、関連する解説が掲載されている
社労士Ⅴ 2024年9月号〜2025年5月号の参照
ページです（例：SV⑨P.21＝社労士Ⅴ 2024年
9月号21ページ）。

労働基準法及び労働安全衛生法

〔問1〕　正解E

A　○　〈法第1条1項〉【SV⑨P.21】

B　○　〈昭22.9.13発基17号〉

C　○　〈法第7条、昭63.3.14基発150号〉

D　○　〈平9.9.18基発636号〉

E　×　〈昭61.6.6基発333号〉派遣元の使
　　用者が割増賃金の支払義務を負うことに
　　なる。【SV⑨P.23】

〔問2〕　正解D

A　○　〈法第13条〉【SV⑨P.24】

B　○　〈最判第2小昭54.7.20大日本印刷
　　事件〉

C　○　〈昭26.8.9基収3388号〉

D　×　〈昭24.6.18基発1926号〉予告期間
　　満了後引き続き使用する場合には、通常
　　同一条件にてさらに労働契約がなされた
　　ものとみなされるから、あらためて法第
　　20条（解雇の予告）所定の手続を経なけ
　　ればならない。

E　○　〈昭24.5.13基収1483号〉

〔問3〕　正解E

A　×　〈昭27.8.7基収3445号〉1週のうち
　　のある日の所定労働時間がたまたま短く
　　定められていても、その日の休業手当は
　　平均賃金の100分の60に相当する額を支
　　払わなければならない。【SV⑨P.32】

B　×　〈昭24.3.22基収4077号〉法第26条

の休業手当は、民法第536条2項によっ
て全額請求し得る賃金のうち、平均賃金
の100分の60以上を保障せんとする趣旨
のものであるから、労働協約、就業規則
又は労働契約により休日と定められてい
る日については、休業手当を支給する義
務は生じない。【SV⑨P.32】

C　×　〈昭23.6.16基収1935号〉法第33条
　　2項による代休附与命令による休憩又は
　　休日は、法第26条に規定する使用者の責
　　に帰すべき休業ではない。【SV⑨P.32】

D　×　〈昭23.10.21基発1529号、昭63.3.14
　　基発150号〉労働安全衛生法第66条の規
　　定による健康診断の結果に基づいて使用
　　者が労働時間を短縮させて労働させたと
　　きは、使用者は労働の提供がなかった限
　　度において賃金を支払わなくても差し支
　　えない。【SV⑨P.32】

E　○　〈昭63.3.14基発150号〉

〔問4〕　正解C

A　○　〈最判第1小平3.11.28日立製作所
　　武蔵工場事件〉

B　○　〈平12.3.8基収78号〉

C　×　〈昭63.3.14基発150号、平12.1.1基
　　発1号〉1日当たりの労働時間を協定す
　　る。【SV⑨P.42】

D　○　〈法第38条の4第2項1号〉

E　○　〈法第38条の4第3項〉【SV⑨P.43】

〔問5〕　正解E

A　×　〈法第41条1号〉農水産業従事者

26　｜社労士Ⅴ　2025年度版

については、労働基準法第4章に定める労働時間、休憩及び休日に関する規定は、適用しない。林業は適用される。【SV⑨P.45】

B × 〈法第41条、昭63.3.14基発150号〉法第41条により労働時間等の適用除外を受ける者であっても、法第37条に定める時間帯（深夜時間帯）に労働させる場合は、深夜業の割増賃金を支払わなければならない。【SV⑨P.45】

C × 〈法第41条の2第1項〉いわゆる高度プロフェッショナル制度についての労使委員会の決議は、使用者が行政官庁に届け出ることによって効力を生じる。【SV⑨P.46】

D × 〈令1.7.12基発0712第2号・雇均発0712第2号〉法令の要件を満たす限り、新卒者について高度プロフェッショナル制度を適用することは可能である。

E ○ 〈令1.7.12基発0712第2号・雇均発0712第2号〉

〔問6〕 正解D （アとエ）

ア ○ 〈平12.3.24基発155号〉

イ × 〈法第58条2項〉親権者若しくは後見人又は行政官庁は、労働契約が未成年者に不利であると認める場合においては、将来に向ってこれを解除することができる。【SV⑨P.47】

ウ × 〈法第65条2項〉使用者は、産後8週間を経過しない女性を就業させてはならない。ただし、産後6週間を経過した女性が請求した場合において、その者について医師が支障がないと認めた業務に就かせることは、差し支えない。【SV⑨P.49】

エ ○ 〈昭63.1.1基発1号・婦発1号〉【SV⑨P.48】

オ × 〈昭33.6.25基収4317号〉生後満1年に達しない生児を育てる女性労働者が、育児のための時間を請求した場合に、その請求に係る時間に、当該労働者を使用することは、法第67条違反である。その時間を有給とするか否かは、自由である。

〔問7〕 正解A

A ○ 〈最判第1小昭61.3.13電電公社帯広局事件〉

B × 〈法第92条2項〉行政官庁は、法令又は労働協約に牴触する就業規則の変更を命ずることができる。【SV⑨P.50】

C × 〈昭25.3.15基収525号〉労働基準法第90条の「労働組合の意見を聴かなければならない」とは、労働組合との協議決定を要求するものではなく、当該就業規則についての労働組合の意見を聴けば労働基準法の違反とはならない趣旨である。

D × 〈平15.10.22基発1022001号〉解雇をめぐる紛争を未然に防止する観点から、就業規則の絶対的必要記載事項である「退職に関する事項」には、「解雇の事由」が含まれる。【SV⑨P.50】

E × 〈平11.3.31基発168号〉1歳に満たない子を養育する労働者で育児休業をしないものについての時差出勤の制度については、その始業及び終業時刻について就業規則に記載しなければならない。

〔問8〕 正解D

A ○ 〈法第115条1項〉

B ○ 〈法第111条1項〉

C ○ 〈昭47.11.15基発725号〉

D × 〈法第3条2項〉機械、器具その他の設備を設計し、製造し、若しくは輸入する者、原材料を製造し、若しくは輸

入する者又は建設物を建設し、若しくは設計する者は、これらの物の設計、製造、輸入又は建設に際して、これらの物が使用されることによる労働災害の発生の防止に資するように努めなければならない。【SV⑨P.53】

E ○ 〈法第 3 条 3 項〉【SV⑨P.53】

〔問 9 〕 正解 B

A ○ 〈法第13条 4 項〉

B × 〈法 第13条 5 項・6 項〉 事 業 者は、当該勧告の内容その他の厚生労働省令で定める事項を衛生委員会又は安全衛生委員会に報告しなければならない。

C ○ 〈令 5 条〉【SV⑨P.56】

D ○ 〈則15条〉【SV⑨P.56】

E ○ 〈則13条 4 項〉

〔問10〕 正解 E （五つ）

ア ○ 〈法第65条の 4 〉

イ ○ 〈法第65条の 3 〉

ウ ○ 〈法第105条〉

エ ○ 〈法第 1 条〉【SV⑨P.52】

オ ○ 〈法第69条 1 項〉

労働者災害補償保険法
（労働保険の保険料の徴収等に関する法律を含む。）

〔問 1 〕 正解 D

A ○ 〈令5.9.1基 発0901第 2 号〉【SV⑩P.20】

B ○ 〈令5.9.1基発0901第 2 号〉 なお、設問中の「同種の労働者」は、精神障害を発病した労働者と職種、職場における立場や職責、年齢、経験等が類似する者をいう。

C ○ 〈令5.9.1基発0901第 2 号〉

D × 〈令5.9.1基 発0901第 2 号〉「100時

間」は、正しくは「160時間」である。

E ○ 〈令5.9.1基発0901第 2 号〉

〔問 2 〕 正解 C （三つ）

ア ○ 〈法第22条 1 項、則18条の 4 〉【SV⑩P.21】

イ ○ 〈平18.3.31基発0331042号〉

ウ × 〈平18.3.31基発0331042号〉全員参加で出勤扱いとなる会社主催の運動会の会場等も、就業の場所にあたる。

エ ○ 〈法第 7 条 3 項、則 8 条、昭58.8.2基発420号〉設置の「理美容のため理髪店または美容院に立ち寄る行為」は、日常生活上必要な行為のうち、日用品の購入その他これに準ずる行為に該当することとされている。

オ × 〈平18.3.31基発0331042号〉所定の就業日に所定の就業開始時刻を目途に住居を出て就業の場所へ向う場合は、寝すごしによる遅刻、あるいはラッシュを避けるための早出等、時刻的に若干の前後があっても就業との関連性があるとされている。

〔問 3 〕 正解 B （アとエとオ）

ア ○ 〈法第 7 条 1 項 2 号、令2.8.21基発0821第 1 号〉【SV⑩P.21】

イ × 〈令2.8.21基発0821第 1 号〉複数業務要因災害による疾病の範囲は、労基則別表 1 の 2 第 8 号および第 9 号に掲げる疾病（以下「脳・心臓疾患、精神障害」という。）およびその他二以上の事業の業務を要因とすることの明らかな疾病とされており、現時点においては、脳・心臓疾患、精神障害が想定されている。【SV⑩P.20】

ウ × 〈令2.8.21基発0821第 1 号〉それぞれの就業先の業務上の負荷のみでは業務

と疾病等との間に因果関係が認められな
いことから、「いずれの就業先も労働基
準法上の災害補償責任は負わない」もの
とされている。【SV⑩P.21】

エ ○ 〈令2.8.21基発0821第1号、特別支
給金則5条1項〉【SV⑩P.50】

オ ○ 〈令2.8.21基発0821第1号〉

〔問4〕 正解B

A × 〈法第12条の4、法附則64条〉特
別給付金は、保険給付とは異なり、損害
賠償との調整（事業主に損害賠償責任が
ある場合、第三者に損害賠償責任がある
場合に共通）は行われない。【SV⑩P.51】

B ○ 〈特別支給金則4条2項〉なお、
障害特別支給金は、すべて一時金として
支給されるものなので、加重の場合の取
扱いについて、加重前の額に25分の1を
乗じることはない。

C × 〈特別支給金則5条1項・2項、
9条1項〉設問は、遺族特別支給金と遺
族特別年金の記述が逆である。

D × 〈特別支給金則20条〉保険給付の
支給制限（法第12条の2の2）の規定に
ついては、特別支給金についても準用さ
れている。したがって、設問の場合、保
険給付のみならず、特別支給金も支給さ
れない。【SV⑩P.51】

E × 〈特別支給金則20条ほか〉特別支
給金については、事業主からの費用徴収
（法第31条1項）の対象とならない（準
用規定等なし）。【SV⑩P.51】

〔問5〕 正解E

A ○ 〈法第8条の2第2項、第8条の
3第2項、第8条の4〉なお、スライド
制の規定は、適用方法の違いはあるが、
いずれの給付基礎日額にも適用される。

【SV⑩P.23】

B ○ 〈則11条の3第1項、18条の19〉
設問の提出先が、「所轄都道府県労働局
長」であることに注意。【SV⑩P.38】

C ○ 〈法第16条の4第1項5号〉設問
の場合、労働者の死亡の当時から引き続
き障害の状態にあったことにはならない
ので、18歳に達した日以後の最初の3月
31日が終了したときに、その受給権が消
滅する。【SV⑩P.33】

D ○ 〈法第12条の4第2項、平25.3.29
基発0329第11号〉【SV⑩P.47】

E × 〈法第14条、第42条ほか〉休業
（補償）等給付を受ける権利の時効は、
当該傷病に係る療養のため労働すること
ができないために「賃金を受けない日ご
とに、その翌日」から進行する。【SV⑩
P.45】

〔問6〕 正解C

A ○ 〈法第12条の5〉【SV⑩P.43】

B ○ 〈法第12条3項〉【SV⑩P.39】

C × 〈法第12条の3第2項〉設問の場
合、政府は、その事業主に対し、当該保
険給付を受けた者と連帯して、当該保険
給付を受けた者に対して課された徴収金
を納付すべきことを命ずることができ
る。【SV⑩P.42】

D ○ 〈法第47条の3、則21条ほか〉設
問の場合、「一時差し止める」のであっ
て、保険給付の「全部または一部を行わ
ない」わけではないことに注意。【SV⑩
P.43】

E ○ 〈法第38条1項・3項〉【SV⑩P.44】

〔問7〕 正解E

A × 〈法第33条1号、則46条の16〉不
動産業については、使用労働者数が「常

時50人以下」であることが要件である。【SV⑩P.52】

B × 〈法第33条5号、則46条の18〉家内労働者（又はその補助者）が行う作業のうち、一定の危険有害作業（プレス機械を使用して行う金属の加工の作業など）は、設問の厚生労働省令で定める種類の作業に該当する。【SV⑩P.52】

C × 〈法第33条7号〉派遣先の海外の事業が中小企業に該当する場合、当該事業の代表者等は特別加入の対象となる。【SV⑩P.53】

D × 〈法第35条1項7号〉設問の場合、当該団体については、全体として一部滞納となるため、保険料相当額を当該団体に交付している一人親方等についても、支給制限が行われることになる。

E ○ 〈法第34条1項2号〉特別加入者の休業（補償）等給付の支給事由について賃金喪失要件は設けられていないことに注意。【SV⑩P.53】

〔問8〕 正解D

A ○ 〈法第2条、昭25.2.16基発127号〉【SV⑫P.23】

B ○ 〈法第2条、昭51.3.31労徴発12号〉【SV⑫P.23】

C ○ 〈法第2条、昭25.12.27基収3432号〉【SV⑫P.23】

D × 〈法第11条3項、則12条〉設問のほかに、「立木の伐採の事業」、「造林の事業、木炭または薪を生産する事業その他林業の事業」、「水産動植物の採捕または養殖の事業」も含まれている。【SV⑫P.32】

E ○ 〈法第19条1項、昭24.10.5基災収5178号〉保険年度中に使用した労働者に支払うことが具体的に確定した賃金であ

れば、その保険年度に支払われていないものも賃金総額に含めることとされているため、設問のとおりとなる。

〔問9〕 正解E

A ○ 〈法第12条2項〉【SV⑫P.33】

B ○ 〈法第12条3項、則17条3項〉【SV⑫P.46】

C ○ 〈法第12条3項〉【SV⑫P.46】

D ○ 〈法第12条3項〉【SV⑫P.47】

E × 〈法第12条3項、則20条、則別表第3・第3の2〉一括有期事業に継続事業のメリット制が適用された場合の増減幅について、100分の30の範囲内とされるのは、連続する3保険年度中のいずれかの保険年度の確定保険料の額が40万円以上100万円未満である場合である。それ以外の場合（いずれも100万円以上）には、建設の事業にあっては「100分の40」の範囲内、立木の伐採の事業にあっては「100分の35」の範囲内とされている。【SV⑫P.46】

〔問10〕 正解D

A ○ 〈法第21条〉【SV⑫P.49～50】

B ○ 〈法第27条1項・2項〉【SV⑫P.50】

C ○ 〈法第28条5項2号〉【SV⑫P.52】

D × 〈法第28条1項〉延滞金が徴収されるのは、「労働保険料」の納付を督促したときに限られており、追徴金の納付を督促したとしても、延滞金は徴収されない。【SV⑫P.52】

E ○ 〈法第29条〉

雇用保険法
（労働保険の保険料の徴収等に関する法律を含む。）

〔問1〕 正解 C

A ○ 〈法第4条3項、行政手引51202〉
離職＝失業ではない。離職＋労働の意思と能力を有し求職活動を行っているが、未だ職業に就けていない状態であって初めて失業の定義に該当する。【SV⑪P.22】

B ○ 〈行政手引51203〉精神的、肉体的な能力のみならず環境上の能力（置かれた環境が労働することを妨げない）も必要である。【SV⑪P.27】

C × 〈行政手引51204〉職業に就くことができない状態とは、公共職業安定所が受給資格者の求職の申込みに応じて最大の努力をしたが、就職させることができず、また、本人の努力によっても就職できない状態をいう。【SV⑪P.27】

D ○ 〈法第4条4項〉【SV⑪P.22】

E ○ 〈行政手引20002〉したがって、事業とは、経営上一体をなす本店、支店、工場等を総合した企業そのものを指すのではなく、個々の本店、支店、工場、鉱山、事務所のように、一つの経営組織として独立性をもった経営体をいう。【SV⑪P.22】

〔問2〕 正解 B

A ○ 〈法第38条〉短期雇用特例被保険者の定義は、次のとおりである。

　被保険者であって、季節的に雇用されるもののうち、次のいずれにも該当しない者（日雇労働被保険者を除く）。

　①　4カ月以内の期間を定めて雇用される者

　②　1週間の所定労働時間が20時間以上

30時間未満である者

　設問の「1週間の所定労働時間が25時間」は②に該当することとなるため、短期雇用特例被保険者とはならない。【SV⑪P.21】

B × 〈法第42条〉日雇労働者の定義は、「日々雇用される者または30日以内の期間を定めて雇用される者」である。設問の「1カ月の期間を定めて雇用される者」の場合は、定められた期間が30日以内であれば日雇労働者に該当するが、31日の場合は定義に合致しないこととなり、日雇労働被保険者にはならない。【SV⑪P.21】

C ○ 〈法第6条1号、行政手引20302〉1週間の所定労働時間が20時間未満である者は、適用事業に雇用されても被保険者とはならない（適用除外）が、申出をして特例高年齢被保険者となる者および日雇労働被保険者に該当する者は除かれるので、日雇労働被保険者となることがある。【SV⑪P.23】

D ○ 〈法第6条5号、行政手引20303〉船員であって、一定の漁船に乗り組むため雇用される者は被保険者とはならない（適用除外）が、1年を通じて船員として雇用される場合は除かれるので、被保険者となることがある。【SV⑪P.23】

E ○ 〈法第4条1項〉個人事業主は、雇用される労働者ではないので、被保険者とならない。

〔問3〕 正解 B （二つ）

ア × 〈行政手引20501〉被保険者資格の取得または喪失の確認は、裁量行為ではなく、行政庁は、法定の要件に該当する事実がある限り必ず確認すべき義務を負う。

イ ○ 〈行政手引20551〉適用事業に雇用された者は、原則として、その適用事業に雇用されるに至った日から被保険者資格を取得する。この場合、「雇用されるに至った日」については、設問のとおりである。【SV⑪P.24】

ウ ○ 〈行政手引20555〉4カ月以内の期間を定めて季節的に雇用される者が、その定められた期間を超えて引き続き同一の事業主に雇用されるに至ったときは、その定められた期間を超えた日から被保険者資格を取得する。【SV⑪P.23】

エ × 〈行政手引20557〉設問の場合は、当該事実のあった日以降において31日以上雇用されることが見込まれることとなった日から、被保険者資格を取得する。【SV⑪P.23】

オ ○ 〈行政手引20601〉なお、この場合、雇用保険に係る保険関係が消滅した日とは、当該事業が廃止され、または終了した日の翌日を、また、暫定任意適用事業にあっては、当該事業が廃止され、もしくは終了した日の翌日または雇用保険に係る保険関係の消滅の申請についての厚生労働大臣の認可のあった日の翌日をいう。【SV⑪P.24】

〔問4〕 正解D

A × 〈法第7条、行政手引20703〉被保険者資格取得届の際に、雇用保険被保険者証を添付する必要はない(被保険者番号は記さなければならない)。【SV⑪P.24】

B × 〈法第7条〉事業所番号とは、適用事業所が「雇用保険適用事業所設置届」を提出したことにより振り出された事業所ごとの番号であり、労働保険番号とは別のものである。

C × 〈法第7条、行政手引20703〉雇用

保険資格取得届に賃金額を記載する目的は「統計」であり、将来、被保険者が離職した際の基本手当の額については、離職後交付される離職証明書によって決定される。

D ○ 〈法第7条、行政手引20703〉

E × 〈法第7条、行政手引20703〉「17.被保険者氏名」欄への外国人の氏名は、カタカナではなく、ローマ字で記入する必要がある。

〔問5〕 正解D

A ○ 〈行政手引51254〉

B ○ 〈行政手引51254〉

C ○ 〈行政手引51254〉求職活動実績として認められる求職活動は、就職しようとする積極的な意思を具体的かつ客観的に確認し得る活動であることを要し、受給資格者と再就職の援助者との間に、就職の可能性を高める相互の働きかけがある活動および求人への応募等がこれに該当する。

D × 〈行政手引51254〉求人への応募には、実際に面接を受けた場合や筆記試験を受験した場合だけではなく、応募書類の郵送も含まれる。

E ○ 〈行政手引51254〉

〔問6〕 正解E

A ○ 〈行政手引57052〉【SV⑪P.42】

B ○ 〈行政手引57052〉実態での判断となるので、設問の取扱いとなる。【SV⑪P.42】

C ○ 〈行政手引57052〉「事業」とは、当該事業により当該受給資格者が自立することができると認められたものである場合であり、例えば設問のような場合は「自立することができると認められるも

の」に該当する。【SV⑪P.42】

D ○ 〈行政手引57052〉【SV⑪P.42】

E × 〈行政手引57052〉過去３年以内の就職または事業開始について再就職手当または常用就職支度手当を不正に受給した場合であって、当該不正に受給した再就職手当または常用就職支度手当の返還を命じられ返還した場合は、この基準を満たしたものとして取り扱う。【SV⑪P.42】

〔問７〕 正解Ｃ

A × 〈法第61条の７第３項〉「15日以上」ではなく、「11日以上」が正しい。【SV⑪P.51】

B × 〈法第61条の７第４項〉特例基準日とは、労働基準法第65条１項の規定による産前休業を開始した日をいう。

C ○ 〈法第61条の８〉産後休業は出生時育児休業に含まれないため、基本的に女性が出生時育児休業給付金を受給できるのは、養子の場合に限られることとなる。【SV⑪P.52】

D × 〈法第61条の10〉配偶者がいない場合は、「配偶者の育児休業取得」は要件とされないため、出生後休業支援給付金が支給されうる。【SV⑪P.53】

E × 〈法第61条の12〉「３歳未満」ではなく、「２歳未満」の子を養育するために育児時短就業をする者が支給対象となる。【SV⑪P.53】

〔問８〕 正解Ｃ

A ○ 〈則28条１項〉有期事業の延納については、概算保険料の額が75万円以上であるか、又は労働保険事務処理を労働保険事務組合に委託している場合に行えるので、正しい肢となる。【SV⑫P.41】

B ○ 〈法第18条、則27条〉６月１日〜９月30日に保険関係が成立した場合は、２回の延納ができ、初回の納期限は、保険関係成立日の翌日から50日以内（設問の場合は９月20日）となる。【SV⑫P.40】

C × 〈則28条〉有期事業については、労働保険事務組合に労働保険事務を委託していても、納期限の特例はなく、設問の場合の納期限は原則どおりの10月31日となる。【SV⑫P.41】

D ○ 〈法第17条、則26条〉額の多少を問わず徴収される点について、増加概算保険料との違いに注意。【SV⑫P.38】

E ○ 〈法第16条、則25条〉増加後の賃金総額の見込額が増加前の見込額の100分の200を超え、かつ、増加後の見込額に基づき算定した概算保険料の額と既に納付した概算保険料の額との差額が13万円以上となった場合に、事業主に、増加概算保険料を納付する義務が生じる。【SV⑫P.38】

〔問９〕 正解Ｂ

A ○ 〈則39条〉【SV⑫P.34】

B × 〈則41条３項〉事業主その他正当な権限を有する者を「除いて」は、何人も消印を受けない雇用保険印紙を所持してはならない。

C ○ 〈則49条１項〉【SV⑫P.34】

D ○ 〈則54条〉

E ○ 〈昭24.9.26職発第1255号〉設問の場合は「正当な理由」に該当し、政府は事業主から追徴金を徴収しない。【SV⑫P.50】

〔問10〕 正解Ｅ

A × 〈平12.3.31発労徴31号〉法人でない団体等であっても、代表者の定めが

あることのほか、団体等の事業内容、構成員の範囲、その他団体等の組織、運営方法等が、定款、規約等において明確に定められ、団体性が明確であれば、労働保険事務組合としての業務を行うための厚生労働大臣の認可を受けることができる。【SV⑫P.54】

B × 〈法第33条3項、則66条〉労働保険事務組合がその業務を廃止しようとするときは、60日前までに厚生労働大臣に届け出ればよく、委託事業主の同意は不要である。【SV⑫P.54】

C × 〈平12.3.31発労徴31号〉労働保険事務組合は、厚生労働大臣の認可を受けることによって全く新しい団体が設立されるわけではなく、既存の事業主の団体等がその事業の一環として、事業主が処理すべき労働保険事務を代理して処理するものである。【SV⑫P.54】

D × 〈平12.3.31発労徴31号〉労働保険事務組合は、事業主の代理人として労働保険事務を処理するものであって、健康保険法の規定に基づき設立される健康保険組合のように保険者として保険事業を管掌するものではない。

E ○ 〈則62条2項〉卸売業の事業主が労働保険事務組合に事務処理を委託するためには、常時使用労働者数が100人以下である必要があるが、設問の事業はその要件を満たしている。【SV⑫P.55】

労務管理その他の労働及び社会保険に関する一般常識

〔問1〕 正解D

A ○ 〈令和6年就労条件総合調査〉時間外労働の割増賃金率を「25％」とする企業割合が9割を超えている。

B ○ 〈令和6年就労条件総合調査〉1カ月60時間を超える時間外労働に係る割増賃金率を定めている企業割合は約6割（61.1％）となっている。

C ○ 〈令和6年就労条件総合調査〉貯蓄制度がある企業割合は33.2％となっており、企業規模別にみると、「1,000人以上」が74.8％、「300～999人」が61.0％、「100～299人」が44.3％、「30～99人」が25.6％であり、企業規模が大きいほど、貯蓄制度がある企業割合が高い。

D × 〈令和6年就労条件総合調査〉住宅資金融資制度の種類（複数回答）別にみると、「社内融資」が2.5％と最も多くなっている。なお、住宅資金融資制度がある企業割合は3.4％であり、企業規模別にみると、「1,000人以上」が21.1％、「300～999人」が8.8％、「100～299人」が4.4％、「30～99人」が2.0％となっているとの記述は正しい。企業規模が大きいほど、住宅資金融資制度がある企業割合が高いことに注意。

E ○ 〈令和6年就労条件総合調査〉年次有給休暇の取得率が、昭和59年以降最も高くなっていることに注意。あわせて、取得率が65％ほどになっていることも押さえておくこと。

〔問2〕 正解D

A × 〈令和6年賃金引上げ等の実態に関する調査の概況〉すべての規模で、1人平均賃金を引き上げた・引き上げる企業の割合が9割を超えており、いずれも前年の割合を「上回っている」。

B × 〈令和6年賃金引上げ等の実態に関する調査の概況〉一般職では定昇を行った・行うは「83.4％」、行わなかった・行わないは「2.6％」となっている。

C ×　〈令和 6 年賃金引上げ等の実態に関する調査の概況〉賃金の改定の決定に当たり最も重視した要素をみると、「企業の業績」の割合が35.2％と最も多くなっている。次いで「労働力の確保・定着」が14.3％、「雇用の維持」が12.8％となっている。

D ○　〈令和 6 年賃金引上げ等の実態に関する調査の概況〉令和 6 年における夏の賞与の支給状況をみると、「支給した又は支給する（額決定）」企業の割合は88.1％、「支給するが額は未定」は3.9％、「支給しない」は6.5％となっている。

E ×　〈令和 6 年賃金引上げ等の実態に関する調査の概況〉労働組合がある企業を100とした場合の、労働組合からの賃上げ要求交渉の有無をみると、賃上げ要求交渉があった企業の割合は「80.2％」、賃上げ要求交渉がなかったは「15.6％」となっている。

〔問 3 〕　正解 B （二つ）

ア ○　〈社会保険労務士法第 1 条〉社会保険労務士法の目的条文である。確実に、正しいと判断できるようにしておくこと。【SV⑤P.30】

イ ×　〈社会保険労務士法第19条〉帳簿は、帳簿閉鎖の時から「 2 年間」保存しなければならないとされている。【SV⑤P.34】

ウ ×　〈社会保険労務士法第25条の 2 第 1 項〉「故意」に行った場合は、「 1 年以内の開業社会保険労務士もしくは開業社会保険労務士の使用人である社会保険労務士もしくは社会保険労務士法人の社員もしくは使用人である社会保険労務士の業務の停止又は失格処分」の処分をすることができる。【SV⑤P.34】

エ ○　〈社会保険労務士法第25条の18第 1 項〉社員の競業の禁止に係る正しい記述である。社会保険労務士法人の社員は、自己もしくは第三者のためにその社会保険労務士法人の業務の範囲に属する業務を行い、または他の社会保険労務士法人の社員となってはならない。

オ ×　〈社会保険労務士法第25条の26第 2 項〉社会保険労務士会は、会員の品位を保持し、その資質の向上と業務の改善進歩を図るため、会員の指導および連絡に関する事務を行うことを目的としている。「試験事務を行うこと」は含まれていない。

〔問 4 〕　正解 C

A ○　〈労働契約法第18条 1 項〉無期転換ルールに関する問題である。通算した期間が「 5 年を超える」場合に、この規定の対象になることに注意。【SV⑤P.30】

B ○　〈労働契約法第 3 条 2 項〉均衡考慮に関する、正しい記述である。【SV⑤P.29】

C ×　〈労働契約法第17条 2 項〉必要以上に短い期間を定めることにより、その有期労働契約を反復して更新「することのないよう配慮しなければならない。」とされている。配慮義務である。

D ○　〈労働契約法第 2 条 2 項〉使用者の定義である。労働契約法における使用者および労働者の定義は、労働基準法と異なっていることに注意。【SV⑤P.28】

E ○　〈労働契約法第 1 条〉労働契約法の目的条文である。正しい記述である。【SV⑤P.28】

〔問 5 〕　正解 D

A ×　〈労働者派遣法第26条 8 項〉比較

対象労働者は、「労働者派遣の役務の提供を受けようとする者に雇用される通常の労働者」であって、派遣労働者と待遇を比較すべき労働者をいう。「派遣元」の労働者ではない。【SV⑤P.23】

B × 〈労働者派遣法第30条の3第1項〉「不合理」と認められる相違を設けてはならない、とされている。【SV⑤P.22】

C × 〈障害者雇用促進法第43条1項〉算定した数に1人未満の端数があるときは、その端数は、「切り捨てる」こととされている。【SV⑤P.26】

D ○ 〈パートタイム・有期雇用労働法第9条〉いわゆる均等待遇の規定である。設問の要件に該当する者については、均等に扱わなければならない。【SV⑤P.41】

E × 〈パートタイム・有期雇用労働法第17条、則6条〉「常時10人以上」の短時間・有期雇用労働者を雇用する事業所ごとに、短時間・有期雇用管理者を選任するように努めるものとされている。

〔問6〕 正解C（イとウ）

ア × 〈介護保険法第2条1項〉被保険者の要介護状態又は「要支援状態」に関し、必要な保険給付を行うものとされている。

イ ○ 〈介護保険法第5条4項〉国等の責務に関する問題である。努力義務であることに注意。

ウ ○ 〈介護保険法第2条2項・3項〉

エ × 〈介護保険法第14条〉介護認定審査会は「市町村」に置くこととされている。

オ × 〈介護保険法第4条1項〉国民は、自ら要介護状態となることを予防するため、加齢に伴って生ずる心身の変化

を自覚して常に健康の保持増進に「努める」とともに、要介護状態となった場合においても、進んでリハビリテーションその他の適切な保健医療サービスおよび福祉サービスを利用することにより、その有する能力の維持向上「に努めるものとする。」、とされている。

〔問7〕 正解E

A × 〈高齢者医療確保法第47条〉後期高齢者医療は、高齢者の「疾病、負傷又は死亡」に関して必要な給付を行うものとされている。

B × 〈高齢者医療確保法第32条1項〉前期高齢者の費用負担に関する問題である。「70歳」を「75歳」に替えると、正しい記述になる。

C × 〈高齢者医療確保法第8条1項〉「6年」ごとに、「6年」を一期として、全国医療費適正化計画を定めるものとされている。

D × 〈高齢者医療確保法第66条1項〉保険医療機関等は療養の給付に関し、保険医等は後期高齢者医療の診療又は調剤に関し、「厚生労働大臣又は都道府県知事」の指導を受けなければならない。

E ○ 〈高齢者医療確保法第2条1項〉正しい記述である。「自ら健康の保持増進に努める」こと、「費用を公平に負担する」との記述に注意。

〔問8〕 正解D

A × 〈船員保険法第4条1項〉船員保険は、「全国健康保険協会」が管掌することとされている。

B × 〈船員保険法第6条1項〉船員保険事業に関して、意見を聴き、当該事業の円滑な運営を図るため、全国健康保険

36 ｜社労士V 2025年度版

協会に「船員保険協議会」が置かれている。

C × 〈船員保険法第93条〉行方不明の期間が「1カ月」未満であるときは、対象とならない。

D ○ 〈船員保険法第1条〉船員保険法の目的条文である。

E × 〈船員保険法第138条1項〉被保険者の資格、標準報酬又は保険給付に関する処分に不服がある者は、「社会保険審査官」に対して審査請求をし、その決定に不服がある者は、社会保険審査会に対して再審査請求をすることができる。

〔問9〕 正解E

A × 〈確定拠出年金法第3条1項〉設問の要件に加え、企業型年金に係る規約について、「厚生労働大臣の承認を受けなければならない」とされている。

B × 〈確定給付企業年金法第91条の30〉設問の事由に基づき企業年金連合会が解散する場合は、あわせて「厚生労働大臣の認可を受ける」必要がある。

C × 〈児童手当法第9条3項〉改定事由が生じた日の属する「月の翌月」から改定することとされている。

D × 〈高齢者医療確保法第20条〉特定健康診査等実施計画に基づいて行う特定健康診査の対象は、「40歳以上」の加入者である。

E ○ 〈介護保険法第27条8項〉要介護認定は、その申請のあった日にさかのぼってその効力を生じることとされている。「さかのぼって」生じることに注意。

〔問10〕 正解C

A ○ 〈高齢者医療確保法附則1条、平19令318号〉平成20年4月1日付けで高

齢者医療確保法が施行され、その時に後期高齢者医療制度もスタートしている。

B ○ 〈昭16令ほか〉労働者年金保険法は昭和17年に施行された。

C × 〈国民健康保険法ほか〉国民健康保険法が全面改正された（改正法が公布された）のは、昭和33年、実施は昭和34年である。また、この全面改正により、全国の市町村に国民健康保険の実施が義務付けられたのは、昭和36年である。

D ○ 〈船員保険法ほか〉船員保険法は、昭和14年に制定された。

E ○ 〈健康保険法ほか〉平成15年4月から原則の負担割合が2割から3割へ引き上げられた。

健康保険法

〔問1〕 正解C

A ○ 〈則28条の3〉【SV①P.57】

B ○ 〈法第3条5項、令4.9.5事務連絡〉なお、給与規程等に基づき、事業主が給与に代えて直接返還金を送金する場合は、労働の対償である給与の代替措置に過ぎず、事業主が被保険者に対して直接返還金を支給しない場合であっても「報酬等」に該当する。

C × 〈法第46条、平25.2.4厚労告17号・基労徴発0204第2号・保保発0204第1号・年管管発0204第1号〉「派遣先事業所」ではなく「派遣元事業所」が所在する都道府県の現物給与の価額を適用することとされている。なお、在籍出向、在宅勤務等により適用事業所以外の場所で常時勤務する者については、適用事業所と常時勤務する場所が所在する都道府県が異なる場合は、その者の勤務地ではな

く、その者が使用される事業所が所在する都道府県の現物給与の価額を適用する。

D ○ 〈法第63条３項、則53条２項〉なお、保険医療機関等、保険薬局等または指定訪問看護事業者において、電子的確認を受けることができる場合および資格確認書（一部負担金の割合が記載され、または記録されているものに限る。）を提出し、または提示する場合は、高齢受給者証の提出は不要である。

E ○ 〈法第86条１項、平18.9.29保医発0929002号〉

〔問２〕 正解A

A ○ 〈法第110条２項〉設問のとおり。70歳以上の被扶養者に係る家族療養費の給付割合が100分の70となるのは、被保険者が70歳以上であって、標準報酬月額が28万円以上であるときに限られる。【SV①P.47】

B × 〈法第３条７項〉被保険者の配偶者で届出はしていないが事実上の婚姻関係と同様の事情にある者の子は、被保険者と同一世帯に属していなければ被扶養者と認められない。【SV①P.30】

C × 〈法第110条１項〉在宅療養している被扶養者が、保険医療機関等の看護師により療養上の管理や療養に伴う世話その他の看護を受けたときは、当該訪問による看護に要した費用について被保険者に対し、「家族療養費」が支給される。

D × 〈法第100条１項〉設問の場合には、被保険者により生計を維持していた者であって埋葬を行うもの（従兄弟）に対し、「埋葬料（５万円）」が支給される。なお、被保険者により生計を維持していた者とは、死亡した被保険者により

生計の一部を負担されていればよく、また、民法上の親族または遺族であること、被保険者と同一世帯であることも要しない。【SV①P.45】

E × 〈法第104条〉被保険者の資格を喪失した日の前日まで引き続き１年以上被保険者であった場合には、任意適用の取消の認可を受けたため被保険者の資格を喪失した場合であっても、資格喪失後の傷病手当金の継続給付を受けることができる。【SV①P.46】

〔問３〕 正解B（二つ）

ア × 〈法第43条、第44条、平30.3.1保保発0301第２号〉「転居に伴う通勤手当の支給による改定」は、随時改定における年間平均を計算の基礎とした保険者算定の特例の対象とはならない。「定期昇給とは別の単年度のみの特別な昇給による改定」、「例年発生しないが業務の一時的な繁忙と昇給時期との重複による改定」の場合も同様である。

イ ○ 〈法第159条１項２号、令4.3.31事務連絡〉設問のとおり。ある月の月内に開始日と終了予定日の翌日がともに属する育児休業等が複数ある場合、当該月の「合計育児休業等日数」（そのすべての育児休業等の「育児休業等日数」を合算して算定）が14日以上であれば、当該月の保険料は免除される。

ウ × 〈法第49条１項〉保険者等は標準報酬月額を決定または改定したときは、その旨を「事業主」に通知しなければならない。なお、事業主は、通知があったときは、速やかに、被保険者に通知しなければならない（法第49条２項）。

エ ○ 〈法第119条、第122条〉【SV①P.51】

オ × 〈法第41条１項、平18.5.12保険発

0512001号〉標準報酬月額の定時決定等における報酬支払基礎日数の取扱いとして、月給者で欠勤日数分に応じ給与が差し引かれる場合にあっては、「就業規則、給与規程等に基づき事業所が定めた日数」から当該欠勤日数を控除した日数を報酬支払基礎日数とする。

〔問4〕 正解D

A ○ 〈法第58条1項、昭32.9.2保発123号〉

B ○ 〈法第87条1項、昭25.10.9保発68号〉

C ○ 〈法第135条、平15.2.25保発0225001号・庁保発1号〉設問のとおり。日雇特例被保険者に係る傷病手当金は、労務不能となった際に、日雇特例被保険者が療養の給付等を受けている場合でなければ支給されない。【SV①P.50】

D × 〈法第45条1項〉転職前後の保険者が異なるときは、転職前後の標準賞与額は通算されないため、3月の標準賞与額は「200万円」と決定される。【SV①P.37】

E ○ 〈法第57条1項、則65条、平23.8.9保保発0809第3号〉

〔問5〕 正解E

A ○ 〈法第35条、昭3.7.3保発480号〉

B ○ 〈則47条1項〉

C ○ 〈法第3条7項、令3.4.30保保発0430第2号〉なお、夫婦の双方またはいずれか一方が共済組合の組合員であって、その者に被扶養者とすべき者に係る扶養手当またはこれに相当する手当の支給が認定されている場合には、その認定を受けている者の被扶養者として差し支えないとされている。

D ○ 〈法第28条1項、令30条1項〉なお、承認を受けた指定健康保険組合は、その承認に係る健全化計画に従いその業務を行わなければならない。また、厚生労働大臣は、承認を受けた指定健康保険組合の事業および財産の状況によりその健全化計画を変更する必要があると認めるときは、当該指定健康保険組合に対して期限を定めて当該健全化計画の変更を求めることができる。【SV①P.26】

E × 〈法第159条、令4.3.31事務連絡〉設問の場合、育児休業等の期間が「1カ月以下」であるため、標準賞与額に係る保険料の免除の対象とならない。【SV①P.52】

〔問6〕 正解B

A × 〈法第167条1項、昭29.9.29保文発第10844号〉被保険者の負担すべき前々月の標準報酬月額に係る保険料を報酬から控除することはできない。この場合、被保険者の負担すべき保険料について、被保険者は、事業主に対し、私法上の債務を負うことになるので、その支払方法は話合で決めることになる。【SV①P.53】

B ○ 〈法附則8条1項・2項〉なお、承認健康保険組合の要件とは、介護保険第2号被保険者である被保険者（特定被保険者を含む。）に関する保険料額を一般保険料額と特別介護保険料額の合算額とすることについて当該健康保険組合の組合会において組合会議員の定数の3分の2以上の多数により議決していることとされている。

C × 〈法第71条1項〉保険医または保険薬剤師の登録の効力については、期限は定められていない。【SV①P.38】

D × 〈法第63条4項〉「特定機能病院」

を「臨床研究中核病院」に直せば正しい記述になる。

E × 〈法第63条3項〉保険医療機関は、すべての被保険者および被扶養者の診療を行うものであり、一部の被保険者および被扶養者に限定することはできない。

〔問7〕 正解E

A × 〈法第106条、平23.6.3保保発0603第2号〉国民健康保険組合の被保険者となった場合であっても、健康保険法の規定に基づく資格喪失後の出産育児一時金の支給を受ける旨の意思表示をしたときは、健康保険の保険者が当該対象者に対して出産育児一時金の支給を行うこととされている。

B × 〈法第88条3項〉「主治の医師が指定する指定訪問看護事業者」ではなく「自己の選定する指定訪問看護事業者」である。【SV①P.42】

C × 〈法第165条1項、令48条〉4月に任意継続被保険者の資格を取得したときは、「5月」から9月までの5カ月間または「5月」から翌年3月までの11カ月間について、保険料を前納することができる。【SV①P.53】

D × 〈法第93条〉指定訪問看護事業者は、当該指定訪問看護の事業を廃止し、休止し、もしくは再開「したとき」は、厚生労働省令で定めるところにより、「10日以内」にその旨を厚生労働大臣に届け出なければならないとされている。

E ○ 〈法第38条、令3.11.10事務連絡〉設問のとおり。4月1日に資格喪失の申出が受理された場合は、5月1日が資格喪失日となるため、4月分の保険料納付は必要となる。この場合において、4月

の保険料を納付期日（4月10日）までに納付しなかった場合、法第38条3号の規定に基づき、4月の保険料の納付期日の翌日（4月11日）から資格を喪失することになる。【SV①P.32】

〔問8〕 正解D

A × 〈令43条9項〉高額療養費の算定上、「歯科」および「歯科以外」の診療については、「それぞれ別個」の保険医療機関とみなされる。【SV①P.47】

B × 〈法第108条5項、則89条2項〉適用事業所に使用される被保険者である間は、傷病手当金と老齢退職年金給付とは調整されない。傷病手当金と老齢退職年金給付との調整が行われるのは、資格喪失後の継続給付としての傷病手当金の支給を受けることができる者に限られる。【SV①P.44】

C × 〈法第172条〉設問の場合は、保険料の繰上徴収の要件には該当しない。【SV①P.55】

D ○ 〈法第43条1項、平28.12.14事務連絡〉なお、5月1日時点で一時帰休の状況が解消している場合には、3カ月を超えないため、随時改定は行わない。

E × 〈平28.5.13保保発0513第1号・年管管発0513第1号、短時間労働者に対する健康保険・厚生年金保険の適用拡大Q＆A集〉被保険者資格の取得要件を満たすか否かについては、各事業所単位で判断することとされており、2カ所以上の事業所における月額賃金や労働時間数等を合算することはしない。

〔問9〕 正解C

A × 〈法第116条、昭36.7.5保険発63号〉設問の場合であっても、自殺の場合と同

様に死亡は最終的1回限りの絶対的な事故であるため、給付制限することなく埋葬料は支給される。

B ×　〈法附則7条1項〉設問の規定は、「健康保険組合」のみに適用される規定であり、全国健康保険協会においては適用されない。【SV①P.52】

C ○　〈法第156条2項、令45条〉なお、介護保険第2号被保険者になった月に介護保険第2号被保険者に該当しなくなった場合も、一般保険料額と介護保険料額の合算額となる。【SV①P.51】

D ×　〈法第180条2項〉「納期限の経過後」に保険料の繰上徴収の事由と同様の事由が生じた場合でも、期限を指定して督促しなければならない。なお、この場合、督促状により指定する期限は、督促状を発する日から起算して10日以内の日でも構わないこととされている。

E ×　〈法第156条、昭19.6.6保発363号〉資格の得喪が2回以上に及ぶときは、1カ月について、2回以上保険料が徴収されることがある。

〔問10〕　正解C（イとエ）

ア ○　〈法第99条1項、昭26.2.20保文発419号〉設問のとおり。3日間を年次有給休暇として処理した場合であっても待期期間は完成するため、年次有給休暇が終了した日の翌日から傷病手当金の支給が開始される。

イ ×　〈則84条の2第7項〉「いずれか少ない額」ではなく「いずれか多い額」である。

ウ ○　〈法第99条4項、令3.12.27事務連絡〉なお、報酬、障害年金または出産手当金等の額が傷病手当金の支給額を下回るために傷病手当金の一部が支給される

場合には、支給期間は減少する。

エ ×　〈法第99条2項、厚年法第26条〉設問のような特例は設けられていない。

オ ○　〈法第99条1項、昭29.12.9保文発14236号〉また、医師の指示または許可のもとに半日出勤し従前の業務に服する場合も労務不能には該当しない。なお、労務不能か否かの判断に関しては必ずしも医学的基準によらず、その被保険者の従事する業務の種別などを考慮して、その本来の業務に耐え得るか否かを基準として社会的通念に基づき認定する。

厚生年金保険法

〔問1〕　正解C

A ×　〈法附則4条の3第6項〉設問の場合、納期限の属する月の前月の末日に、被保険者の資格を喪失する。【SV③P.49】

B ×　〈則30条の2第1項〉設問の場合、新たに老齢厚生年金に係る裁定の請求書を提出する必要がある。【SV④P.18】

C ○　〈法第52条の2第1項〉【SV④P.37】

D ×　〈法附則15条の2〉老齢厚生年金を繰り上げて受給した者であっても、65歳に達していれば、以後、在職定時改定および退職改定の規定は適用される。【SV④P.24】

E ×　〈法第27条〉保険料の免除期間中に賞与を支給した場合であっても、事業主は、賞与額の届出は行わなければならない。【SV③P.54】

〔問2〕　正解B

A ×　〈法附則17条〉遺族厚生年金と国

民年金の障害基礎年金は、受給権者が65歳に達している場合に限り併給される。【SV②P.37】

B　○　〈法第47条の3第3項〉【SV④P.34】

C　×　〈法第78条の33第1項、令3条の13の10第1項〉設問の事務は、当該障害に係る初診日における被保険者の種別に応じて、実施機関が行う。【SV③P.41】

D　×　〈法第58条1項3号〉設問中の「障害等級3級」を、障害等級1級または2級とすれば正しい記述となる。【SV④P.40】

E　×　〈法附則4条の3第8項〉高齢任意加入被保険者の資格の取得について同意した「適用事業所以外の事業所の事業主」は、当該同意を撤回することができない。【SV③P.50】

〔問3〕　正解D

A　○　〈法第7条〉【SV③P.43】

B　○　〈法第53条2号〉【SV④P.38】

C　○　〈法第60条2項〉【SV④P.43】

D　×　〈法附則11条の6第1項ほか〉最大で当該被保険者に係る標準報酬月額の4％相当額である。【SV④P.32】

E　○　〈法第64条の2、第60条1項2号ロかっこ書〉【SV④P.44】

〔問4〕　正解C（三つ）

ア　○　〈法第2条の5第1項、第78条の26第1項〉【SV③P.41】

イ　○　〈法第44条1項ただし書〉【SV④P.23】

ウ　×　〈法第44条1項・4項〉設問の場合に、その子に係る加給年金額が再度加算されることはない。【SV④P.23】

エ　×　〈法第46条5項ほか〉支給停止額

の変更あった月から、在職老齢年金の額が改定される。【SV④P.28】

オ　○　〈法第46条1項〉【SV④P.28】

〔問5〕　正解D（ウとオ）

ア　○　〈法第78条の32第2項〉【SV③P.41】

イ　○　〈昭60法附則74条2項〉

ウ　×　〈法第59条1項、第62条1項〉設問の妻には遺族厚生年金は支給されるが、中高齢寡婦加算は支給されない。その他の記述については正しい。【SV④P.41、43】

エ　○　〈法第58条1項4号、第62条1項かっこ書、第65条、昭60法附則73条1項・2項〉【SV④P.43】

オ　×　〈法第62条1項〉夫の死亡により遺族厚生年金の受給権を取得しても、遺族基礎年金の受給権を取得していない40歳未満の妻については、40歳に達しても中高齢寡婦加算が加算されることはない。【SV④P.43】

〔問6〕　正解A

A　○　〈法第26条1項〉なお、従前標準報酬月額は、子を養育することとなった日の属する月の前月の標準報酬月額である。【SV③P.53】

B　×　〈法第12条〉適用除外の規定に該当する者は、任意単独被保険者または高齢任意加入被保険者となることはできない。【SV③P.46】

C　×　〈法第78条の28〉設問の申出は、同時に行わなければならない。【SV④P.25】

D　×　〈法第48条〉設問の場合、併合認定は行われる。なお、受給権を取得した当時から引き続き障害等級1級または2

級に該当したことがない障害等級3級の障害厚生年金の受給権者については、併合認定は行われない。【SV④P.34】

E × 〈法第50条の2第3項〉設問の場合でも、当該配偶者に係る加給年金額は加算される。なお、老齢厚生年金の加給年金額の加算の要件との相違に注意。【SV④P.36】

〔問7〕 正解D

A ○ 〈法第12条1号ロ〉適用除外に該当しなくなった日に、被保険者の資格を取得する。【SV③P.45】

B ○ 〈則10条の4、15条の2〉【SV③P.54】

C ○ 〈法第44条の3第1項〉【SV④P.25】

D × 〈法第81条の2第1項〉任意単独被保険者および高齢任意加入被保険者は、いずれも育児休業等期間中の第1号厚生年金被保険者に係る保険料の免除の規定の対象となる。【SV④P.50】

E ○ 〈法第59条1項1号、第65条の2〉【SV④P.44】

〔問8〕 正解C

A ○ 〈法第2条の4第2項〉【SV③P.42】

B ○ 〈則130条〉

C × 〈法第41条2項ただし書〉老齢厚生年金については、課税される。【SV④P.19】

D ○ 〈則78条の3第2項〉【SV④P.47】

E ○ 〈法附則8条〉【SV④P.29】

〔問9〕 正解E

A × 〈法第9条、第13条1項〉設問の不同意であった者も含めて、その事業所に使用される70歳未満の者（適用除外に該当する者を除く。）は、すべて被保険

者の資格を取得することとなり、設問にある「厚生労働大臣の承認を受けて、被保険者とならないことができる」旨の規定は設けられていない。【SV③P.44】

B × 〈法第44条1項、第78条の11〉設問の「被保険者期間の月数が240以上という要件」は、離婚時みなし被保険者期間を除いた被保険者期間の月数が240以上であることを要する。【SV④P.48】

C × 〈法第50条1項、第51条〉障害厚生年金の額については、障害認定日の属する月までの被保険者期間をその計算の基礎とする。他の記述は正しい。【SV④P.35】

D × 〈法第63条1項5号〉設問の「3年」を5年とすれば正しい記述となる。【SV④P.46】

E ○ 〈法第50条3項〉【SV④P.35】

〔問10〕 正解A（アとイ）

ア × 〈法第6条1項1号〉青果商の事業は適用業種であり、設問の事業所は強制適用事業所である。【SV③P.43】

イ × 〈法第92条1項〉障害手当金を受ける権利は、その支給すべき事由が生じた日から5年を経過したときは、時効によって消滅する。【SV④P.55】

ウ ○ 〈法第31条の2〉

エ ○ 〈法第102条1項〉【SV④P.55】

オ ○ 〈法附則7条の4第1項、11条の5〉【SV④P.31】

国民年金法

〔問1〕 正解E

A × 〈平6法附則4条1項〉設問の場合は、法第30条1項の障害基礎年金の支

給を請求することができる。

B ✕ 〈法第30条1項〉設問の場合は、初診日において被保険者であるので、法第30条1項の障害基礎年金が支給される。【SV②P.48】

C ✕ 〈法第30条〉設問の場合は、障害認定日において65歳に達していても障害基礎年金が支給される。【SV②P.45】

D ✕ 〈昭60法附則20条1項〉設問の保険料免除期間には、法第90条の3第1項の規定（学生等の保険料の納付特例）による保険料免除期間も含まれる。【SV②P.45】

E ○ 〈法附則9条の2の3〉【SV②P.46】

〔問2〕 正解A

A ○ 〈平16法附則19条、平26法附則14条〉【SV③P.33】

B ✕ 〈法第87条3項〉「その額に5円未満の端数が生じたときは、これを切り捨て、5円以上10円未満の端数が生じたときは、これを10円に切り上げるものとする」である。なお、令和7年度の保険料額は、月額17,510円である。【SV③P.24】

C ✕ 〈法第93条1項〉口座振替による納付方法以外の納付方法であっても、付加保険料については前納をすることができる。【SV③P.26】

D ✕ 〈法第97条1項・3項〉「1,000円」ではなく、「500円」である。【SV③P.29】

E ✕ 〈法第137条の4、第137条の5〉「5以上」ではなく、「2以上」である。【SV③P.39】

〔問3〕 正解E（五つ）

ア ✕ 〈平6法附則11条、平16法附則23条〉「昭和41年4月1日」ではなく、「昭和40年4月1日」である。【SV②P.26】

イ ✕ 〈法附則5条1項2号〉設問の者は、第2号被保険者に該当する場合を除き、厚生労働大臣に申し出ることにより任意加入被保険者となることができる。【SV②P.25】

ウ ✕ 〈法附則5条8項4号、平6法附則11条8項3号〉日本国内に住所を有しない任意加入被保険者が保険料を滞納した場合、「保険料を納付することなく2年間が経過した日の翌日」に資格を喪失する。【SV②P.29】

エ ✕ 〈法附則5条8項1号〉設問の者は日本国内に住所を有すると第1号被保険者となり、当該事実があった日に更に被保険者の資格を取得しているため、「その日の翌日」ではなく、「その日」に資格を喪失する。【SV②P.29】

オ ✕ 〈平6法附則11条9項〉「保険料の免除の規定（産前産後期間免除を含む。）、寡婦年金、死亡一時金、付加保険料」ではなく、「保険料の免除の規定（産前産後期間免除を含む。）、寡婦年金、付加保険料」である。【SV②P.26】

〔問4〕 正解B

A ○ 〈法第17条1項〉【SV②P.34】

B ✕ 〈法第21条〉内払と「みなす」ではなく、「みなすことができる」である。【SV②P.38】

C ○ 〈令4条〉【SV②P.24】

D ○ 〈則6条の2第2項〉【SV②P.31】

E ○ 〈法第19条1項・2項〉【SV②P.36】

〔問5〕 正解E

A ✕ 〈昭60法附則14条〉満額の老齢基礎年金の受給権者であっても、所定の要件を満たしている場合は振替加算が行われる。

B × 〈法第28条５項〉設問の場合は、当該請求をした日の５年前の日に繰下げの申出があったものとみなされ、当該申出に基づく増額率を乗じて得た額が加算された老齢基礎年金が支給される。

C × 〈令４条の５〉設問の場合は、受給権を取得した日の属する月（令和７年４月）から当該年金の支給の繰下げの申出をした日の属する月の前月（令和10年７月）までの40カ月が増額率の算定にあたって用いる月数となるため、1,000分の７×40カ月＝28％が増額率となる。

D × 〈法44条〉付加保険料の納付済期間が８年（96カ月）であるため、200円×96カ月＝19,200円となる。

E ○ 〈法第50条〉

〔問６〕 **正解E**

A × 〈法第30条１項〉「傷病の発病日」ではなく、「初診日」である。【SV②P.45】

B × 〈法第35条２号・３号〉「障害等級」（２級）ではなく、「厚生年金保険法に規定する障害等級」（３級）である。【SV②P.51】

C × 〈法第33条の２第１項〉障害基礎年金の受給権者に加算額が加算されるのは、その対象となる子がある場合である。【SV②P.48】

D × 〈法第36条の２第１項３号〉設問の場合は、法第30条による本来の障害基礎年金が支給されるため、その受給権者が少年院その他これに準ずる施設に収容されているときであっても、支給停止されない。【SV②P.51】

E ○ 〈法第34条２項・３項〉【SV②P.50】

〔問７〕 **正解C**

A × 〈法第46条２項、法附則９条の２第６項〉全部繰上げ、一部繰上げを問わず付加年金は、老齢基礎年金と併せて全部が繰上げ支給される。【SV③P.19】

B × 〈法第49条１項〉当該妻が遺族基礎年金の受給権を有していた者であっても、寡婦年金の支給を受けることはできる。【SV③P.19】

C ○ 〈法第49条１項〉【SV③P.19】

D × 〈法第52条の２第１項〉「合算した月数が６月以上」ではなく、「合算した月数が36月以上」である。【SV③P.21】

E × 〈法第52条の６〉死亡一時金は、寡婦年金を受けることができるときはその者の選択により、その一方を支給し、他方は支給しない。

〔問８〕 **正解B**（二つ）

ア × 〈法第89条１項、令６条の５第２項〉障害基礎年金の受給権者であっても、最後に厚生年金保険法に規定する障害等級に該当する障害の状態に該当しなくなった日から起算して障害状態に該当することなく３年を経過した受給権者（現に障害状態に該当しない者に限る。）は法定免除されない。【SV③P.30】

イ × 〈法第89条１項、令６条の５第１項〉障害厚生年金の受給権者は、障害等級１級または２級に該当する場合に法定免除の対象者となる。【SV③P.30】

ウ × 〈法第90条１項２号〉「生活保護法の介護扶助」ではなく、「生活保護法の生活扶助」である。【SV③P.30】

エ ○ 〈法第90条１項４号、令６条の８〉【SV③P.31】

オ ○ 〈法第89条、第90条の２第１項〉【SV③P.30、32】

〔問９〕 正解Ａ

Ａ ○ 〈法第８条３号〉【SV②P.27】

Ｂ × 〈法第５条、法附則７条の２〉厚生年金保険法による保険料を徴収する権利が時効によって消滅したときは、当該保険料に係る厚生年金保険の被保険者期間の計算の基礎となった月に係る第２号被保険者としての被保険者期間は、保険料納付済期間に算入しない。【SV②P.21】

Ｃ × 〈旧法第10条〉任意で脱退できる制度はない。

Ｄ × 〈法第７条１項３号〉設問の者であっても、「第２号」被保険者の配偶者でなければ第３号被保険者とはならない。また、第３号被保険者には、原則として国内居住要件がある。【SV②P.24】

Ｅ × 〈昭60法附則６条１項〉旧障害年金の受給権者であっても、昭和61年４月１日において第１号、第２号または第３号被保険者に該当するときは、強制被保険者となる。

〔問10〕 正解Ｃ

Ａ × 〈法第94条３項、令10条〉「免除月の翌々年に応当する月まで」ではなく、「免除月の属する年度の翌々年度末まで」である。【SV③P.27】

Ｂ × 〈法第94条１項〉「既に年金たる給付の受給権を有している者」ではなく、「老齢基礎年金の受給権者」である。【SV③P.27】

Ｃ ○ 〈法第94条４項〉【SV③P.28】

Ｄ × 〈法第94条２項〉学生等納付特例による期間の前に保険料半額免除期間があるときは、いずれの保険料を優先して追納するかを本人が選択できることとされている。

Ｅ × 〈法第101条１項〉保険料その他国

民年金法の規定による徴収金に関する処分に不服がある者は、「社会保険審査官」に対して審査請求をすることができる。【SV③P.36】

問題作成・記事執筆
岡根　一雄（TAC）
小川　泰弘（ワイ＆ワイ カレッジ）
奥田　章博（社会保険労務士）
斎藤　正美（クレアール）
富田　　朗（特定社会保険労務士）
古川　飛祐（労務経理ゼミナール）
真島　伸一郎（特定社会保険労務士）

第57回（令和7年度）社会保険労務士試験についての詳細は、社会保険労務士試験オフィシャルサイト（全国社会保険労務士会連合会試験センター）（https://www.sharosi-siken.or.jp）をご確認ください。

［解説付］完全模擬問題　　令和7年5月1日　2025年度版発行

検印省略

〒 101－0032
東京都千代田区岩本町1丁目2番19号
https://www.horei.co.jp/

著　　者　社労士V受験指導班
発行者　　青　木　鉱　太
編集者　　岩　倉　春　光
印刷・製本　日　本　ハ　イ　コ　ム

（営　業）	TEL　03-6858-6967	Eメール	syuppan@horei.co.jp
（通　販）	TEL　03-6858-6966	Eメール	book.order@horei.co.jp
（編　集）	FAX　03-6858-6957	Eメール	tankoubon@horei.co.jp

（オンラインショップ）　https://www.horei.co.jp/iec/
（改正情報・お詫びと訂正）　https://www.horei.co.jp/book/shakaisei.shtml

※万一、本書の内容に誤記等が判明した場合には、上記「改正情報・お詫びと訂正」に最新情報を掲載しております。ホームページに掲載されていない内容につきましては、FAXまたはEメールで編集までお問合せください。

・乱丁、落丁本は直接弊社出版部へお送りくださればお取替えいたします。
・**JCOPY**〈出版者著作権管理機構 委託出版物〉
　本書の無断複製は著作権法上での例外を除き禁じられています。複製される場合は、そのつど事前に、出版者著作権管理機構（電話 03-5244-5088、FAX 03-5244-5089、e-mail: info@jcopy.or.jp）の許諾を得てください。また、本書を代行業者等の第三者に依頼してスキャンやデジタル化することは、たとえ個人や家庭内での利用であっても一切認められておりません。

© Sharoushi V jukenshidouhan 2025. Printed in JAPAN
ISBN 978-4-539-74714-8

好評発売中！
社労士V 2025年度版
事例・計算問題集

社労士V受験指導班 著　B5判　92頁
定価 **1,210**円（本体1,100円＋税）・送料385円

※1　ご注文の冊数が1冊の場合に限り送料385円となります。2冊以上の場合は送料550円（離島地域は別途550円）をご負担いただきます。
※2　このご注文書によるFAXまたはメールでお申込みの場合のみ、上記の価格にて発送させていただきます。

〇近年増えている事例・計算問題に特化！
〇問われていることを見抜き、解答を導くコツを伝授！

一問一答で論点を確認

労働基準法

☐ 1　10年間勤続している労働者について、平均賃金の算定事由発生日が9月3日であって、賃金締切日が毎月10日の場合は、5月11日から8月10日までの期間によって平均賃金を算定する。

☐ 2　平均賃金の算定期間中に休業手当の支払を受けた日が3日間ある労働者については、その日数及びその期間中の賃金も含めて平均賃金を算定する。

☐ 3　平均賃金の算定期間中に、労働協約に基づき6カ月の通勤定期乗車券の支給があった場合は、控除して平均賃金を算定することとされている。

☐ 4　税理士の資格を有する63歳の労働者が雑貨の販売の業務に従事する場合は、3年を超える期間の定めをする労働契約を締結することも可能である。

☐ 5　薬剤師の資格を有する40歳の労働者との間で締結される労働契約に期間を定める場合は、業務内容を問わず、その期間が3年を超えてはならない。

☐ 6　小売業の事務職として3年の労働契約を締結した35歳の労働者は、当該労働契約の期間の初日から1年を経過した日以後においては、その使用者に申し出ることにより、いつでも退職することができる。

☐ 7　使用者は、3カ月の労働契約を2回更新した労働者との労働契約を更新しないこととしようとする場合には、少なくとも当該労働契約の期間の満了する日の30日前までに、その予告をしなければならない。

☐ 8　令和7年4月22日の終了をもって労働者を解雇しようとする使用者が同年3月27日に当該労働者にその予告をする場合は、平均賃金の4日分を支払わなければならない。

☐ 9　令和7年4月30日に有期労働契約の満了日を迎える労働者が、同年3月26日に業務上の事由により負傷し、療養のため10日間休業したときは、有期労働契約の期間をその日数分だけ延長しなければならない。

五肢択一式で実戦演習

国民年金法

① 老齢基礎年金等　　1回目／2回目／3回目

【問1】昭和35年4月2日生まれの男性の年金加入履歴が以下のとおりである場合に、老齢基礎年金等に関するアからオの記述のうち、正しいものはいくつあるか。なお、保険料半額免除期間以外の国民年金の第1号被保険者期間は、保険料納付済期間であるものとする。

厚生年金保険の被保険者期間（民間企業）：昭和54年4月から平成16年3月まで
国民年金の第1号被保険者期間：平成16年4月から60歳に達した日の属する月の前月まで
国民年金の第1号被保険者期間のうち保険料半額免除期間（追納していない）：平成16年4月から平成22年3月まで
付加保険料納付済期間：84月

ア　厚生年金保険の被保険者期間は、老齢基礎年金の支給要件においてはすべて保険料納付済期間となる。
イ　保険料半額免除期間は、そのうち49月が老齢基礎年金の額に反映されることとなる。
ウ　付加年金の額は、原則として33,600円となる。
エ　この男性が、老齢基礎年金を繰り下げて受給することとした場合、受給権を取得した日の属する月から支給の繰下げの申出をした日の属する月の前月までの月数が58である場合は増額率は40.6%と、当該月が99である場合は増額率は69.3%となり、付加年金も同じ率で増額される。
オ　この男性が令和7年8月31日に死亡し、死亡前に老齢基礎年金の請求をしていなかった場合に、死亡当時に生計を同じくしていた者が同い年の妻であるとき、妻は自己の名で未支給の老齢基礎年金の支給を請求することができる。

A　一つ　　　B　二つ　　　C　三つ
D　四つ　　　E　五つ

★弊社へのご注文は、FAXまたはメールにてお申し込みください。ご請求書・郵便払込用紙同封で商品を発送いたします。

FAX送信先　㈱日本法令　通信販売担当　FAX 03-6858-6968

事例・計算問題集 注文書

ご住所　〒	
お名前	
電話番号	FAX番号
冊　数	冊

日本法令®　ご購入は　通信販売担当 ☎03(6858)6966　✉book.order@horei.co.jp
★Amazon等の通販サイトまたは全国の大型書店でもお求めいただけます。